広瀬敏通

災害大国ニッポンの未来をつくる

災害を生き抜く

みくに出版

はじめに

2011年3月11日、私は自分が代表を務める自然学校や環境教育団体などのネットワーク組織「日本エコツーリズムセンター」（以下、エコセン）の東京事務所で、地域コーディネーターの研修会を行っていた。荒川区西日暮里のビルの2階にある会議室で講義をしていたそのとき、突然大きく建物が揺れた。この地震が、日本の国自体を揺るがす大災害になるとは、この時点で誰も想像していなかっただろう。

私たちは、ただちに現地調査に向かい、ボランティアの活動拠点をどこにすべきか検討を始め、20日には宮城県登米市に現地本部を設置。エコセンに参加している全国の自然学校、環境教育や野外教育に関わる団体などに呼びかけて、東日本大震災救援のための組織「RQ市民災害救援センター」（以下、RQ）を結成した。RQとはRescueを略した造語だ。一刻も早く救援活動を開始することで、ひとつでも多くの命を救おうという思いを込めた。

RQはエコセンの東京事務局に設置した本部に加え、宮城県内に5カ所、岩手、福島の2カ所を加えた計8カ所のボランティアセンターを中心に、2011年末までに延べ4万

5000人のボランティアたちと活動することとなった。全国の支援者から送られた400トンにおよぶ救援物資は、100日間で550カ所に届けられた。

復興に必要な「被災地型の自然学校」

2011年11月末、RQ市民災害救援センターは緊急支援期を終えたと判断して、組織的な支援活動を終了した。しかし、被災地の状況は被災直後からほとんど変わっていなかった。そこで私たちは、さまざまな専門家と協力してRQの活動をさらに発展させ、被災地支援と復興支援を行う地域に根づいた市民活動をめざして動き始めた。新たに「RQ災害教育センター」を設立して、その意志を引き継ぐと同時に、地元の皆さんと協力して、人手が足りない漁業や農業の支援のほか、子どものためのキャンプや遊び場を運営したり、被災地ツアーの企画や、仮設住宅の女性たちが作る手織物の販売まで、たくましく多彩な活動を生みだしている。

私はこうした活動を「被災地型の自然学校」と呼んでいる。自然学校とは、子どもたちの野外教育や自然体験活動はもちろん、地域のさまざまな課題解決にも取り組む民間の環境教育団体の総称だ。全国で約3700校あり、近年では国が運営する自然学校もある。RQの支援活動も、そうした自然学校のノウハウを活かして行われてきた。

今後、ここで生まれた活動は、被災地の人々との友人や親戚のような付き合いを通して、10年、20年と長く続いていくだろう。被災者の苦しみはすぐに消えることはない。そして、何より忘れられることが最も辛いのだ。

多くの災害・紛争現場に立ち会った者として

私は阪神・淡路大震災以来、災害が起きるたびに現地に入って救援活動に関わり続けてきたが、地震学者でも防災学者でもない。地方の大学で防災学を教えてはいるが、それはあくまでも実践家の立場からだ。こういう人間を世間では在野の研究者というのかもしれない。もちろん、地質学に興味はあるし、火山洞窟に関しては自ら洞窟に入って調査も行い、専門家として世界各地をまわっている。火山噴火によってできる火山洞窟は、火山やマグマの性質を解明できる重要なフィールドだ。世界各国の大学がこぞって研究を行っているが、なぜか日本では非常に地味な学術分野のようだ。

また、私は20代の多くの時間をアジアの辺境で過ごし、障害児の村づくりや難民の救援のNGOを作り活動してきた。20代も終わりに近づいたころにはカンボジア難民救済の現場で動き回っていたために、日本政府の難民救済の現地駐在員に仕立てられて医師や看護師と働くことになった。

思えば私はずっと現場にいて、災害や紛争など非日常の独特な秩序のなかで働いてきた。こうした現場で見る人間の姿はとても印象深い。そのときの行動や心理を思い返すだけで、一冊の本が書けるくらい数多くの興味深い事柄を体験してきた。

十数年前から、私はそうした自身の経験を踏まえた災害に関するセミナーをやりたいと思っていた。本書は、その念願が叶って、2012年から2013年にかけて行った連続セミナー「災害と減災」全6回分の講義をもとに書き起こしている。

セミナーでは学者や行政の目線ではなく、市民の目線で「災害を正しく恐れる」意味を深く掘り下げ、さまざまな切り口から災害の全体像を浮かびあがらせたいと考えた。災害を客観的に理解するなら巷にはたくさんの専門書がある。この本では、私が体験してきた災害や紛争の現場をお伝えしたい。さらに、本書を読んだ方が、来たる巨大災害に直面した際に、「自分は死なない！」という自信と確信を持っていただけるように工夫したつもりだ。

災害に際して最も重要なのは死なないことだ。そこから、次のステージが始まるのだから。

広瀬敏通

災害を生き抜く　災害大国ニッポンの未来をつくる――【目次】

02

助かるためにできること 132

03 ボランティアを邪魔者にしないために 必要とされるボランティアの受け入れ体制――174

04 「災害教育」――被災地が若者を変える 他人事だった災害を自分事にとらえ直す――181

05 利他と貢献が社会を変える 災害支援は利他と貢献の源泉――189

編集協力　山崎玲子　猿田詠子
ブックデザイン・DTP　山中俊幸（クールインク）

第 I 部

災害大国 日本

第1章 災害と向き合う

DOCUMENT
3.11
都内も襲った大きな揺れ

東日本大震災が起きた2011年3月11日、私は日本エコツーリズムセンター（以下、エコセン）の研修で東京、西日暮里のビルの会議室にいた。研修も最終セッションに入り最後の講評を行っていると、いきなり大きな横揺れが来た。これまで震源地で体験した直下型地震の突き上げるような縦揺れは、体が覚えている。「震源は離れた場所だ」と直感的に確信した。

大きな横揺れは長く続いた。エコセンの事務局メンバーが非常階段の扉を開けに走った。外を見ていた人が「スカイツリーが揺れている。あのビルも、こっちのビルも」と声をあげ、思わず窓にしがみつく人もいた。「窓から顔は出さないように！」と注意を促しながら外に目をやると、目の前にあるＪＲの架線鉄塔もぐらんぐらんと揺れていた。

「今のうちに脱出しよう」。私はそうみんなに呼びかけて外に出ると、全員が揃ったところで裏手の高台にある公園に向かった。近隣のビルからも不安そうな顔をした人々が続々と集まっていた。携帯のワンセグ放送で情報を収集していた研修生が、震源地と地震の規模をキャッチしてみんなに伝えた。地震の規模から、交通の寸断や物資の流通で大きな混乱が起きると予想された。

余震の頻度が収まるまで2時間ほどの間、私たちは公園で待機しながら今後の行動について話し合った。これまでの災害と同様に、救援組織を立ち上げて動くことになるだろう。救援本部はエコセンに置くことになる。入手した情報では都内の交通はすべて止まっていた。幸い、研修生の大半は東京周辺に知人や親戚がいるという。エコセン事務局メンバーの自宅は歩いて通勤できる範囲だ。緊急連絡先として、私とエコセンの電話番号と研修生のメールアドレスを教え合い、暗くなる前に各自行動を開始した。

私とともに事務所に残った数名は、震源となった東北方面から来た研修生だった。「何とか車を手配して現地に向かおう」。そう考えて食料を調達しようとコンビニに向かったが、おにぎり、弁当などの食品は、すでに棚から消えていた。仕方なく、何事もなかったかのように営業している街中の食堂で腹支度を終えて事務所に戻ったが、市街の道には自宅をめざして一方向に歩くおびただしい人の波が続いていた。

都心の道路は帰宅困難者と自動車であふれていた

翌12日、エコセン救援本部の設置準備で各所に連絡を取り、物資搬入とボランティアの手配、銀行口座の開設準備などを行うと、13日の早朝、私たちはエコセン副代表の山中俊幸氏の運転する車で福島に向かった。すでに都内ではガソリンの入手が困難になっていた。高速道路も閉鎖されていたので、国道4号線をひたすら北に向かう。埼玉県境あたりから都心に向かう車の渋滞が目立ち始める。栃木県に入ると、屋根の落ちた民家や大谷石の立派な石塀が、軒並み倒壊している状況が目につきはじめた。ガソリンスタンドには長い行列ができていた。長時間並んでも、買えるガソリンは10リットルまで。仕方なく何カ所ものスタンドに並び、予備タンクにガソリンを補充した。

福島に着いたのは真夜中だった。ふだんなら3時間で走る距離に12時間もかかっていた。そこで宮城から来た仲間と合流して情報を交換する。ラジオからは放射能が環境を汚染しつつあることを匂わせる報道が頻繁に流れ始めていた。この状況では福島に救援活動の拠点を置くことは困難だと判断し、いったん東京に戻って態勢を立て直すことにした。

17日の夜には、全国のエコセン世話人と、自然学校や環境教育系の主

2011年3月17日夜、被災地救援のためにエコセン東京本部に60団体が集まる

だった全国組織のメンバー総勢60団体がエコセン東京事務所に集まっていた。これまでの経過説明と入手し得た現地報告を行い、ただちに救援本部を立ち上げて現地救援に取りかかることが決まった。

第1陣の派遣は18日。物資を満載した車を連ねて仙台に向かい、アウトドア用品メーカーの義援隊と合流する。義援隊が集めた物資をエコセンチームが現地被災者に届けるという連携支援だ。

現地では、これまでの災害と同様、指定された避難所の外にも被災者が溢れていた。ガソリンが途絶え動かなくなった車、崩れた倉庫、庭先に張ったブルーシートのなかに、暖房もないまま人々は凍えながら身を寄せ合っていた。

阪神・淡路大震災で見た、ぺしゃんこの家が延々と続くような被災はほとんど見られなかったが、30メートルを超える津波は電柱をへし折り、車を原型も留めないほどに潰し、家を波の形に削り取っていた。巨大な悪魔が街をすき間なく踏み潰したような景色のなかで、手付かずの瓦礫は静かな墓標のように見えた。そのなかを厳しい表情で歩いている人を

無慈悲で絶望的な破壊が延々と続く気仙沼階上・鹿折地区

見かけたが、とても声をかけることはできなかった。

その後、エコセンは被災地にできるだけ近い地域に活動拠点を探すこととなり、20日には宮城県登米市に廃校となった小学校の体育館を借りることができた。同時に、救援組織は「ＲＱ市民災害救援センター」という名称に決まった。市民による災害救援組織の誕生だった。

東京の事務所には、全国からの支援物資が続々と集まり始めていた。

RQ市民災害救援センター現地本部をおいた宮城県登米市の小学校

零下10度の冷え込みのなかでのミーティング

被災者に緊急支援物資を届ける活動を行ったRQのボランティア

01 災害とは何か

災害は人のいるところに生まれる

カムチャツカ半島はユーラシア大陸の東側、オホーツク海と太平洋の間に位置する大きな半島だ。人口31万人、半島の面積は日本の約1・3倍。火山が多いことでも知られている。私は火山やエコツーリズムなどの調査で、この地に10年近く通い続けてきた。

もし、今この半島で火山が大噴火を起こして森が燃え、野生動物が大量に死に、溶岩に埋め尽くされたとしても、これを誰も災害とは呼ばないだろう。広大な自然のなかに人の住む町は数えるほどしかなく、住民の大半は首都のペトロパブロフスクに住んでいる。カムチャツカの人口密度は1平方キロメートルあたり、わずか1人未満で、日本の縄文時代前期に等しい。火山が噴火しても人間はほとんど被害を受けないはずだ。火山噴火も地震も台風も、人間さえいなければ、ただの自然現象にすぎない。人間や都市が被害を受けて、初めて「災害」と呼ばれるのだ。

わが国で災害という概念が生まれたのは弥生時代だといわれている。では、縄文時代に災害はなかったのかといえば、決してそんなことはない。

カムチャツカ半島で、著者（後ろ）

私は今から30年前に、国内最初の自然学校「ホールアース自然学校」を設立した。学校は宝永火口を抱いた優しい富士の姿を望む静岡県富士宮市内にあり、裏手に流れる芝川の対岸には1万1000年前の縄文草創期の集落跡がある。研究者が調べたところ、住居跡に囲まれた中央部にある変わった遺構は、かつて村人が富士山に向かって祈りを捧げた神聖な場所だということだ。当時、この地域は頻繁に富士山が噴火して溶岩流に見舞われていた。抗うことのできない自然の猛威にさらされた生活のなか、人々は村を守るために日々、祈りを捧げていたのだろう。災害という言葉自体は弥生時代に生まれたとしても、縄文の早い時期から人々は災害とともに生き、戦い続けてきたのだ。

そして驚くべきことに、村の人々は、その後もずっとそこで暮らし続けている。縄文草創期の住居跡が見つかった場所からは、縄文後期の遺跡も弥生時代の遺跡も発掘されているのだ。ホールアース自然学校には、ときおり地元の小学生たちが授業でやって来るが、生徒たちが足下の土を少し掘っただけで、石器や土器がたくさん出てくる。この土地には、恐ろしい噴火に見舞われてもなお、村を捨てずに暮らし続けるだけの魅力があったのだと強く感じさせられる。

02 災害の種類
気象現象の極端化で増える災害

◆気象災害――1年に台風26、竜巻24、土砂災害1000件が日本を襲う

では、日本を襲う災害にはどんなものがあるのだろうか。

まず、あげられるのが気象災害だ。気象災害とは、豪雨、洪水、濁流、土石流、山崩れ、

いう。

竜巻、強風、異常高温、冷夏、豪雪など、大気の運動が引き起こす一連の自然災害のことを

台風は日本周辺で毎年、平均26個が発生し、3個が上陸する。竜巻は平均24件、土砂災害は年に1000件も起きている。「天災は忘れたころにやって来る」という有名な警句があるが、実際は忘れるどころか頻発しているといった方がいいかもしれない。とくに平成に入ってからは、日本は毎年のようにゲリラ豪雨や超大型低気圧、突風や竜巻、酷暑や豪雪などの異常気象に見舞われている

気象災害は広範囲に被害を及ぼすという特徴がある。大きな台風は強風域の直径が1000～2000キロメートルにもなるし、移動速度が遅ければ、より多くの地域を暴風雨で襲う。奇しくも東日本大震災と同じ2011年に上陸した台風12号は、大型な上に速度が遅い台風で、和歌山県をはじめ四国、関西、中部、関東などで死傷者を出している。甚大な土砂災害を被った和歌山県には、私たちもすぐ救援の申し出をしたのだが、「われわれは何とかしますから、みなさんは三陸で頑張ってください」と謙虚な言葉をいただいた。

日本の気象災害を引き起こす大きな原因として、よく知られているのがエルニーニョとラニーニャという現象だ【**図表1-1**】。スペイン語でエルニーニョは男の子、ラニーニャは女の子という意味で、赤道近くからペルー沿岸にかけての広い海域の海面水温が、平年に比べて

図表1-1◆エルニーニョ／ラニーニャ時の海面水温と平年値の偏差

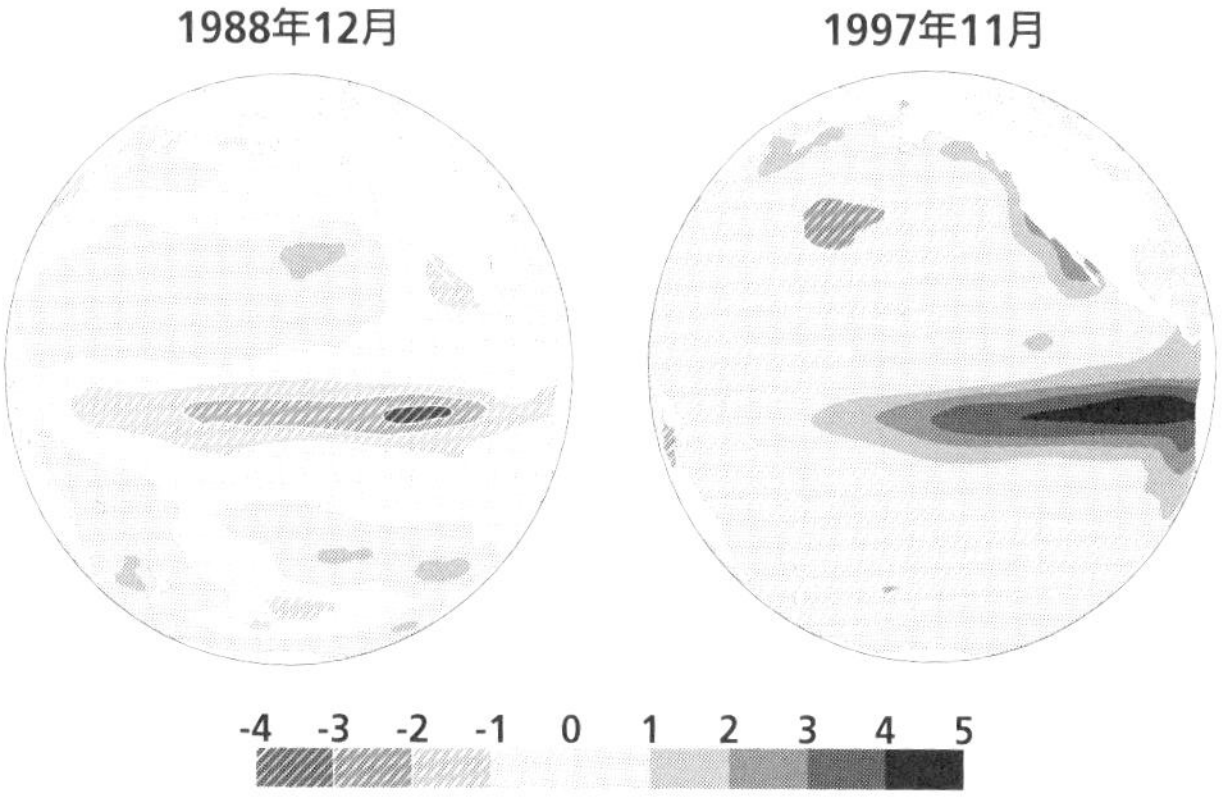

左は1988/89年のラニーニャ最盛期、右は1997/98年のエルニーニョ最盛期の海面水温平年偏差。1981～2010年の平均値を0とした場合の偏差を色の濃淡で示している。

出典：気象庁ホームページ

高い状態が1年ほど続くのがエルニーニョ、同様に海面水温が低い状態になるのがラニーニャと呼ばれる【図表1-2】。この現象の影響は地球規模で起こるが、日本ではエルニーニョ現象が起きると梅雨と梅雨明けが遅れて冷夏と暖冬に見舞われ、ラニーニャ現象が起きると梅雨入りや梅雨明けが早まり酷暑と厳冬になる。

また近年、地球の気象は「極端化」し、それが常態化の傾向にある。その原因のひとつが地球温暖化だともいわれる。地球の平均気温はこの100年間、上昇しているが、それが巨大低気圧の頻発や局所集中型の豪雨、超大型台風、ゲリラ豪雨などの異常気象を引き起こしているというのだ。ヨーロッパの大洪水、中国やアメリカ穀倉地帯の大干ばつもその影響だという。

こうした事態を直視せずに、「温暖化」という

**図表1-2◆エルニーニョ／ラニーニャ現象に伴う
太平洋熱帯域の大気と海洋の変動**

平常時

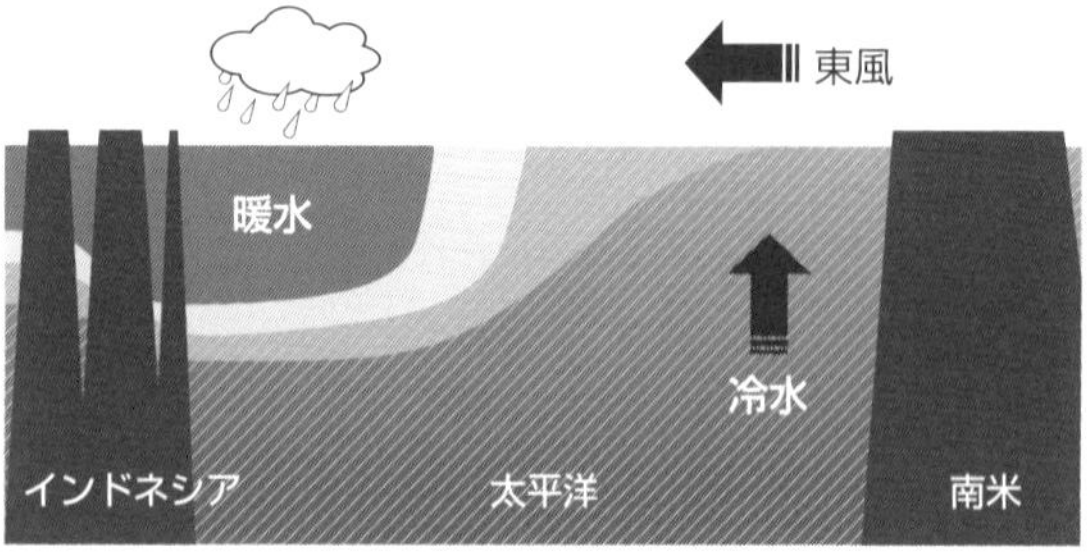

エルニーニョ現象時

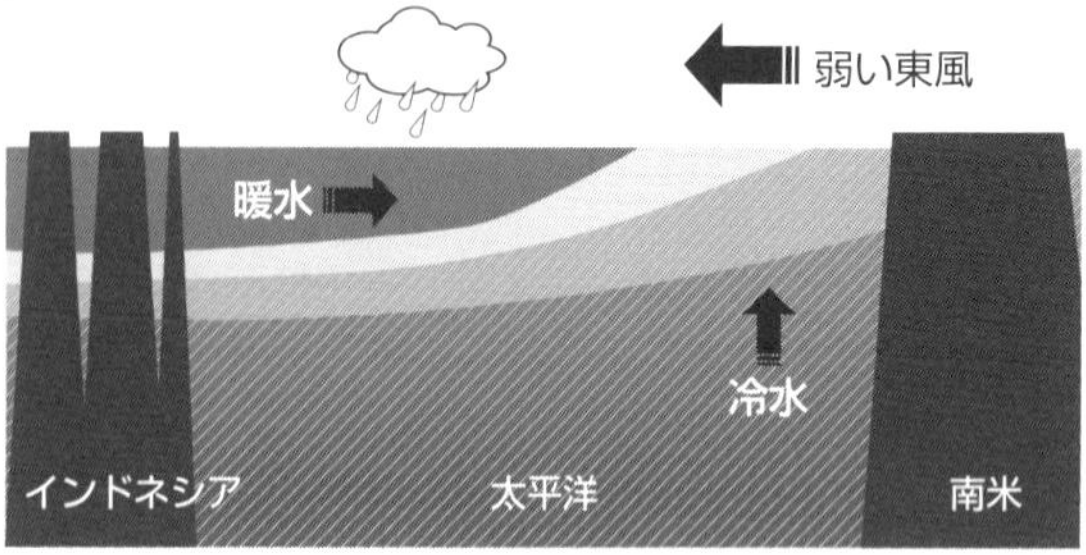

東風が弱いため暖水が東に広がり冷水の湧昇が弱まり、太平洋赤道域の中部から東部の海面水温が上昇。積乱雲の発生海域が東に移る。

ラニーニャ現象時

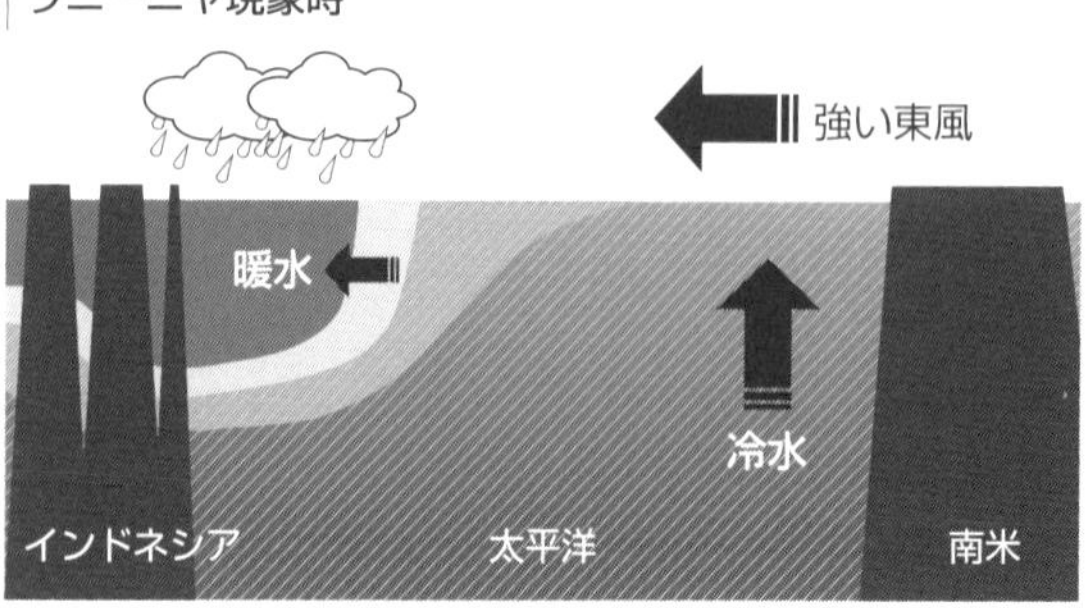

東風が強くなり西部には暖水が蓄積し、東部では冷水の湧昇が強くなる。このため、太平洋赤道域中部から東部の海面水温が低下。インドネシア近海海上で積乱雲の発生が活発化する。

出典：気象庁ホームページ

緩慢なイメージをともなう言葉を使うと、「冬が暖かくなるんだから、結構なことじゃないか」といった誤解を広げるだけではないだろうか。

◆火山災害──世界の活火山1548座のうち110座が日本にある

日本は世界に名だたる火山大国だ。世界の活火山1548座のうち110座は日本にある。ちなみに、つい最近まで教科書でも使われていた休火山という言葉は、現在は使われていない。人間は自分たちの勝手な尺度で、数百年噴火していなければ休火山、1万年噴火していなければ死火山と長年にわたって区分してきた。しかし近年の研究によって、死火山だと思われてきた火山が数万年ぶりに噴火することも珍しくないということが分かってきた。長野県と岐阜県にまたがる御嶽山も長らく死火山と思われていたが、1979年に突然噴火して研究者たちを驚かせている。そこで火山噴火予知連絡会は、2003年に活火山の定義を「過去1万年以内に噴火した火山もしくは活発な活動の見られる火山」と定義し直して、休火山、死火山という言葉は基本的に使わないこととした。自然というのは、私たち人間とはまったく次元の異なるものさしで動いているのである。

火山噴火は、溶岩流、火砕流、土石流、岩屑《がんせつ》なだれ、噴石、火山弾、火山泥流、空震、降灰、火山性地震、火山ガス、水蒸気爆発、山体崩壊といった多様な現象を引き起こす［**図表1**

図表1-3◆火山噴火

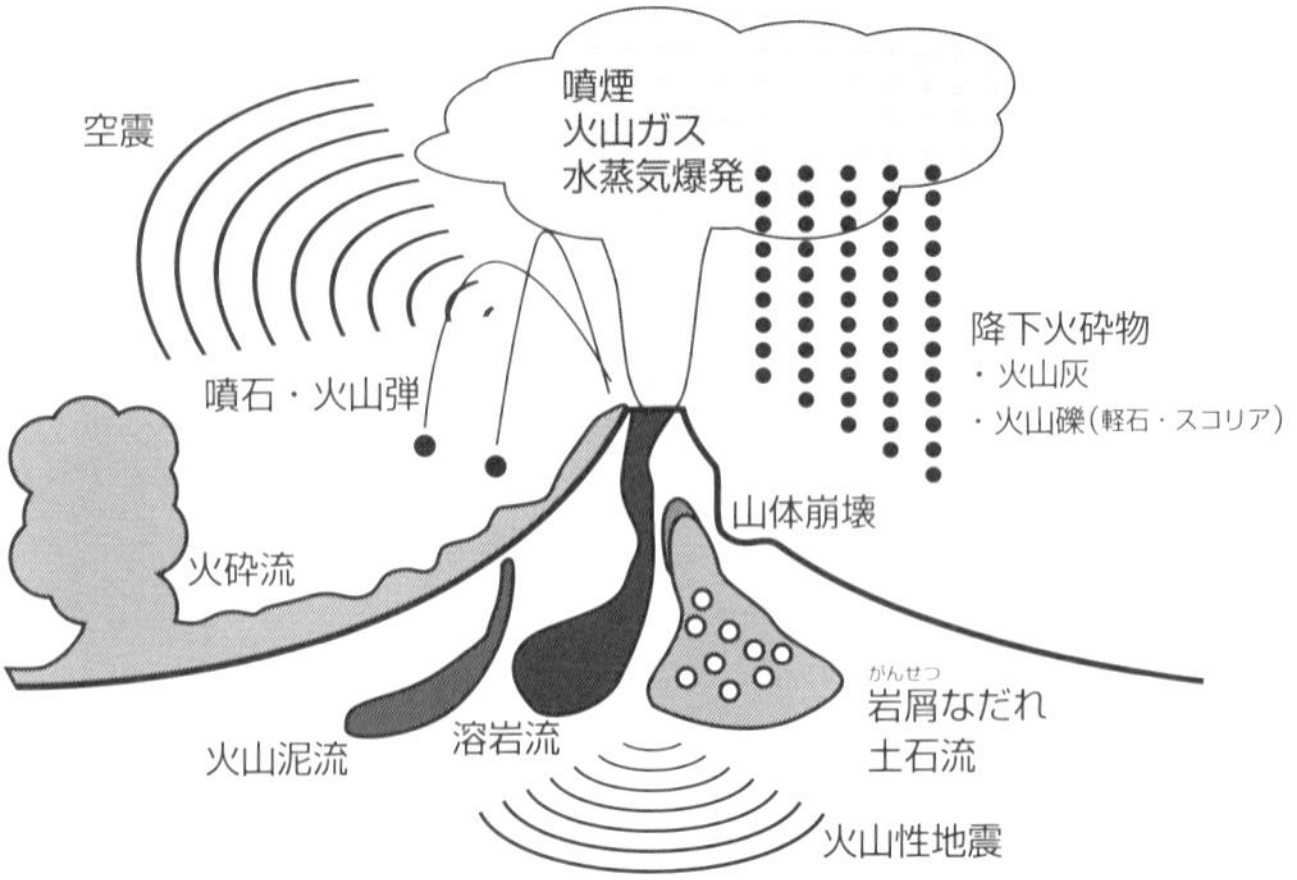

-3」。噴火による噴出物も、パウダー状のものから直径3～5メートルの大きな火山弾までさまざまだ。

　火山噴出物として最も知られているのが溶岩だろう。溶岩とは地球のマグマに由来する、岩石や鉱物が高温で溶けたものだ。その成分によって性質も変化する。日本では安山岩質の粘り気の高い溶岩が多く、地表に出ても流れ出さないでそのまま盛り上がり、噴火口に蓋をしてしまう。その状態で、さらにガスやマグマが下から湧き上がって充満し、大爆発することもある。300年前の富士山宝永噴火はこの典型だ。しかし、富士山もかつては粘り気の少ない溶岩で、そのような爆発を起こす山ではなかった。同じ火山でも長い年月のなかで性質が変わることがあるということだ。

一方、ハワイ島のキラウエア火山やシチリア島のエトナ火山は、玄武岩質のサラっとした水っぽい溶岩なので大きな爆発を起こさない。ちなみに溶岩の種類の学術用語はポリネシア語をそのまま使って、粘っこい溶岩をアア溶岩、水っぽい溶岩をパホエホエ溶岩という。

噴火によって起こる現象のうち、多くの人が犠牲になる可能性が非常に高いのが火砕流と山体崩壊、そして山体崩壊にともなって起きる岩屑なだれだ。

火砕流は、高温の火山ガスが火山灰や溶岩の破片などを巻き込んで、山麓を飲み込んでいく巨大な流動体だ。遠目には煙か雲のように見えるが、じつは非常に密度は高く、その温度は数百度を超し、速度は時速2〜300キロメートルにもなる。1991年の雲仙普賢岳噴火による火砕流では、世界的に著名なフランスの火山学者、モーリス・クラフトとカティア・クラフト夫妻が亡くなった。私たち日本の研究者とも交流の深かった研究者だが、彼らのような専門家でも逃げることができないほど猛烈な速さだった。最終的に、この火砕流は死者行方不明者43名と9名の負傷者を出す大惨事となった。

山体崩壊は山体の一部が崩れ落ちる現象だ。近年、富士山の噴火で山体崩壊が起きる可能性が危惧されている。東日本大震災以降、富士山は100%噴火するといわれているが、もし、富士山が宝永噴火と同様の噴火をしたら、東京はもちろん関東広域が火山灰ですっぽり覆われてしまうだろう。専門家の予測では、宝永噴火とは反対側の北西、青木ヶ原樹海方向での噴火の可能性が高いという意見が有力だ。

もし、この噴火と同時に山体崩壊が起こったら、そのときに崩れ落ちた大量の土砂による岩屑なだれが御殿場や裾野などの山麓市町を複数巻き込んで40万人以上が亡くなるという想定も出ている。こうなると、被害を防ぐなど到底無理な話だ。防ぐことが無理ならば、減らすことに注力しなければならない。

しかし、幸いなことに火山噴火の予知は可能だ。三宅島でも分かるように、噴火の前兆は観測などによって捉えることができるし、噴火もいきなり起こるわけではなく、一連の噴火活動が断続的に長期間続く。私たちが、いかに逃げるかが問題となるのだ。

ホールアース自然学校のある富士宮から見る富士山は非常に美しい。このようになだらかで整った三角形をした火山は成層火山と呼ばれ、とても若い火山だ。富士山型の火山の一生は数十万年から数百万年といわれるが、激しい噴火が頻発する活動期に入ると三角形の形は崩れ、最後には大噴火で山体崩壊を起こして上部全体が吹き飛び、御嶽山や会津磐梯山のような姿になる［**写真1-1**］。噴出物は成層圏まで吹き上げられ、気象に影響を及ぼし、生物が

写真1-1◆山体崩壊の火山、斜面が崩壊した栗駒山、富士山

カムチャツカの火山

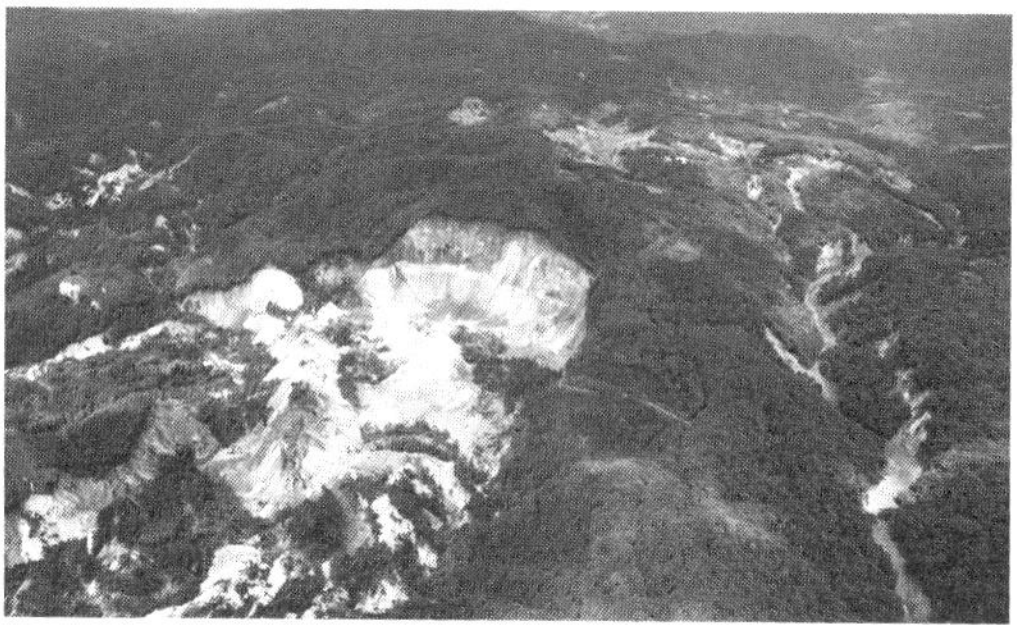

栗駒山荒砥沢ダム上部

富士宮市柚野から見た富士山

大量に死滅する。
2013年6月、ついに富士山の世界文化遺産登録が決まったが、富士山は山体崩壊の危険と隣り合わせの、活動期に入った火山だということを忘れてはならない。

◈地震災害——3・11以降、極端に高まる巨大地震発生の確率

地震の大半は、地球の表面のプレートが移動することで生まれたひずみが、そのエネルギーを解放する動きによって発生する。地球の表面は、薄い卵の殻のような十数枚のプレートで覆われており、その下にある流動性のある層とともにゆっくりと動いている。1枚1枚のプレートは、それぞれ好き勝手な方向に動いていて、隣合うプレートと互いに押し合っている【**図表1-4**】。プレート同士の境目では、一方のプレートが他方のプレートの下へ潜り込んでひずんだ状態を生み、それが限界まで来ると岩盤を壊して元に戻る。そのときに起きるのがプレート境界型（海溝型）地震なのだ【**図表1-5**】。

地震災害は火山噴火と違って予知が非常に難しい。近年では予知はできないとする学者がほとんどだ。つまり、現状では、発生頻度は少ないが突如発生する災害だといえる。

もちろん、予知よりも、より長期的な予測研究も行われているし、地震の多い日本の地震研究は世界でもトップレベルの水準にあるはずだ。しかし、天気予報や火山予知のように、

図表1-4◆世界のプレート境界

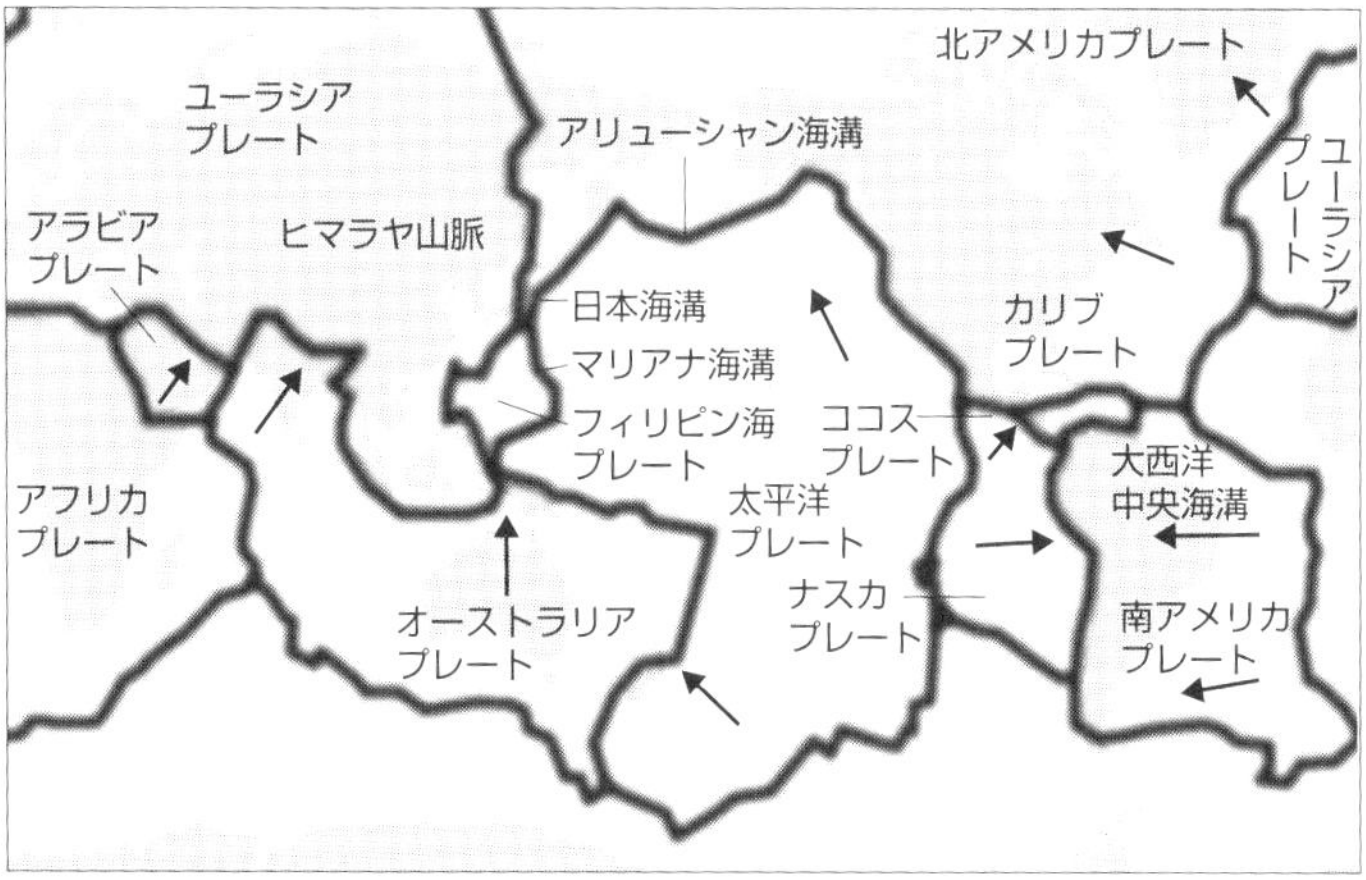

出典：地震調査研究推進本部

図表1-5◆プレート境界型（海溝型）地震の発生メカニズム

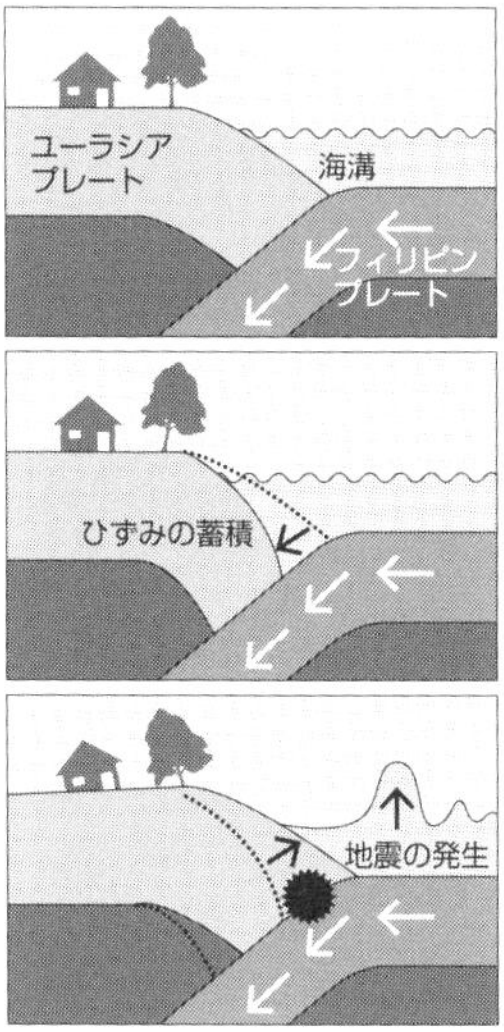

❶海側のプレートが年数cmの割合で陸側のプレートの方へ移動し、その下へ潜り込む。

❷陸側のプレートの先端部が引きずり込まれ、ひずみが蓄積する。

❸ひずみがその限界に達した時、陸側のプレートが跳ね上がり、地震が発生する。その際、津波が発生する場合がある。

出典：平成22年度防災白書

数日、数カ月単位の動きを把握することは極めて難しい。まして、大地震の予知が外れたときの巨額な経済的損失の責任まで問われたら、恐くて誰も予知などできないということだ。

2012年に起きたイタリア北部地震では、地震学者らが研究成果による警戒宣言を公表しなかったために大惨事となったとして責任を問われ、禁固の実刑を受けたが、こうなるともはや問題は科学ではなく政治の領域に入ってしまう。

私としては、地震という巨大災害から少しでも多くの命を救うために、地震予知の研究にも諦めずに取り組んでほしいと思う。研究の成果は社会に還元されて初めて実るものだからだ。地震予知に対してあまりに慎重すぎる風潮は、社会を劣化させるのではないだろうか。

いずれにしても、3月11日以降、巨大地震発生の確率は極端に高まったといわれている。それまで、首都圏でマグニチュード7クラスの直下型地震の起きる確率は30年以内に70%といわれていたが、3・11以降、東京大学地震研究所の研究者などからも、「4年以内に70%」とか、「30年以内に98%」の確率で発生するという説が言われ始めた。こうした数字でいわれてもピンと来ないかもしれないが、地震予測にはかなり幅があるため、現状では「明日起きるかもしれないし、30年後かもしれない」というレベルでしか話はできない。

「30年以内に地震が発生する確率」と言われてもイメージがつかみにくいというなら、ほ

図表1-6◆30年以内にあなたが災害に遭遇する確率

火災で死傷する確率は	約0.2%
火事に罹災する確率は	約1.9%
ガンで死亡する確率は	約6.8%
交通事故で死亡する確率は	約0.2%
交通事故で怪我をする確率は	約24%
殺人で死亡する確率は	約0.03%

出典：地震調査研究推進本部「全国を概観した地震動予測地図」報告書（H18改訂版）より作成

かの災害に遭遇する確率と比較してみるといい。ある人が、30年以内に火事で死傷する確率は0・2%、火事に罹災する確率は2%、がんによる死亡は6・8%。交通事故死の確率は0・2%、交通事故で怪我をする確率なら24%【図表1-6】。こうして見てみると、地震の起きる確率98%がどれだけ高い確率であるか、実感できるのではないだろうか。

とにかく、全国各地で地震や噴火の可能性が高まったことは事実だ。1978年に施行された「大規模地震対策特別措置法（大震法）」によって東海地域は特別強化地域に指定され、東日本大震災以降、内閣府中央防災会議ではさらにその対象地域を拡大すべきだという提言をまとめている。それでもなお、一部のマスコミは「30年後に起こるかどうかは正確に予知できないという前提で大震法を見直すべき」などと堂々と社説で述べている。残念なことに、人間のものさしと地球のものさしは、まったく違うスケールなのだということが理解されていない。

地震という災害は、われわれのものさしでは正確に測れないからこそ、「明日起きるかもしれない」と思って常に備えるべきなのだ。

03 災害が集中する日本列島

◈人口密度世界第5位の日本に、多くの災害が集中

ここまで、日本を襲うさまざまな自然災害を早足で説明してきた。そんなことを言ったって、世界中の国々が同じように自然災害に見舞われているのだから、心配しても仕方がないと思われる人もいるだろう。しかし、日本は世界でも指折りの災害大国なのだ。

すでにお話しした通り、人間が住んでいないところで、どれほど過酷な自然現象が起きても、それを自然災害とは言わない。ところが、日本の人口密度は世界で5番目に高い。地球の陸地面積の400分の1にすぎない狭い国土に、1億2千万人を超す人々がひしめき合う。人工物で大地を覆い、たくさんの高層ビルを建て、地下深くまで交通網や水路や送電網を張り巡らせてきた。そんな国に、世界の活火山の7%が集まっている。ほんの小さな噴火でも、多くの人々を襲う大災害になってしまうだろう。そして、この小さな島国は世界トップレベルの地震大国でもある。世界中で起きている地震の10%強、マグニチュード6クラスの大地震の約4分の1が、日本に集中しているのだ。

◆プレート境界は地震の巣――プレートが4枚もぶつかる稀有な国、日本

しかし、なぜ、日本ではそんなに地震が多いのだろうか。その一番の原因は日本列島の地理的条件にある。日本列島は太平洋の周囲を取り巻く環太平洋の真上にある。そして、この場所は、地球を覆うプレートの境目とも重なっている。

すでにお話ししたように、地震は地球の表面を覆うプレートが押し合うところで起きる。世界中で起きた巨大地震をピックアップしてみると、そのほとんどがプレート境界上で発生している［**図表1-7**］。プレート境界は、まさに地震の巣なのだ。そして、日本列島はそのプ

図表1-7◆世界のプレート境界と地震マップ

1991年〜2001年までの地震の分布（M4.0以上。深さ100km以浅）。プレート境界の線が地震を示す点で塗りつぶされている。

出典：中央防災会議ホームページ

図表1-8◆季節風と台風

太平洋からアジア大陸に向かって湿った南東の風が吹く

アジア大陸から太平洋に向かって冷たく湿った北西の風が吹く

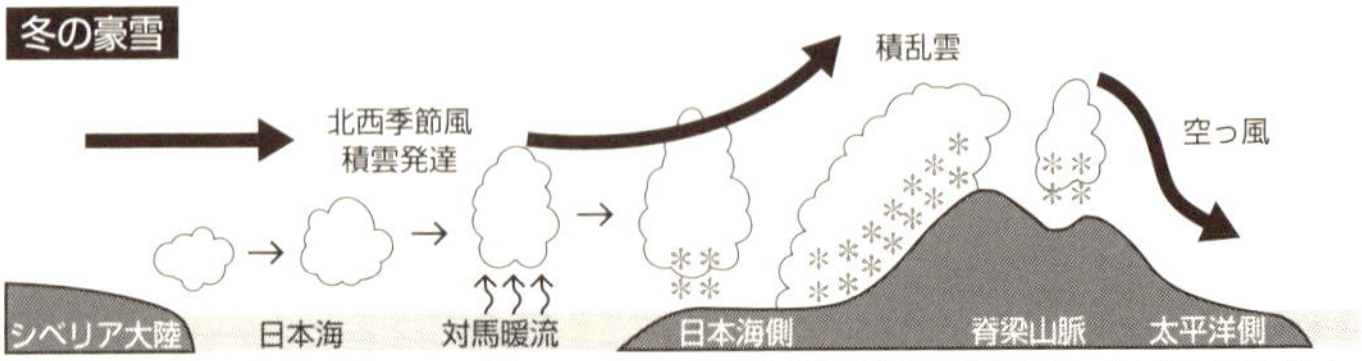

強い季節風が高い山々に吹き付けられ、山の風上側に積乱雲が発達し大雪をもたらす

レートが4枚もぶつかっている極めて珍しい場所にある。同じような条件の場所として現在分かっているのは、世界中を探してみても日本と中南米の2カ所だけ。ペルーやチリ、インドネシアで巨大地震が頻発しているのは、ご存じの通りだ。世界の地震発生地図を見ると、日本列島は震源を示す点で塗りつぶされてしまう。どれだけ地震が多いか一目瞭然だろう。

もうひとつ、日本列島の位置は、気候の上でも災害を起こしやすい場所にある。まず、北極と赤道のちょうど中間にあるため、北からの寒冷な空気と南からの湿暖な空気がぶつかり、さらに周囲の海から湿潤な水蒸気と熱を与えられるため低気圧が発生しやすく、降水量が非常に多い。そして、湿潤な気候は台風や豪雨を招く。南洋で発生する台風が発達しながら北上する通り道に位置している日本には、平均して年に3個の台風が上陸するといわれているが、近年はさらにその数が増えていて、2004年には超大型台風7個を含む10個の台風が上陸して観測記録を更新している。

また、日本列島の中央を背骨のように南北に走る急峻な山々には、季節風がぶつかって上昇気流を生み、豪雪や豪雨をもたらす［**図表1-8**］。そして、大量に降った雨水は急流となって一気に下り、土砂崩れや洪水を引き起こす。さらに、日本の山岳地帯は、活発な地殻変動によってできたもので、そこに特殊な気象条件による浸食が絶えず加わることで、極めて不安定で、もろい地質構造になっている。こうした崩れやすい山肌は、土砂災害の危険性をさらに高めている。

04 国土と民をうるおす災害
災害は美しい自然景観も育む

◆災害と自然の恵みは表裏一体――災害は恵みをもたらす

このように、日本列島は地理的・地質的な条件で、激甚な自然現象が発生しやすい。三陸地方に暮らす人たちのなかには、大きな津波を生涯に3回も体験した方が少なくないという。1933（昭和8）年、1960（昭和35）年、そして2011（平成23）年と、驚くほど高い頻度である。もっと小さい津波ならば、7、8年に1回の確率で起きている。今回、三陸を襲った大津波が1000年ぶりだと聞くと珍しい現象のように思いがちだが、津波自体は決して珍しいものではなかったのだ。今回は、確かに信じられないほど巨大な津波だったが、これからは同程度の津波が続々と起きるという研究者もある。

しかしながら、日本列島を美しい四季の風景で彩るのも自然の力だ。温泉や湖は人々の心を癒し、肥沃な大地は美味い作物も生み出す。自然が日本列島にもたらす恵みだ。

「災害」と「恵み」は一見、相反する言葉だが、じつはコインの裏表のような関係にある。災害は人々にデメリットを与えるが、長い目で見れば大きなメリットもあるのだ。東日本大震災によって津波に襲われた地域には、今は破壊された生々しい傷跡しか見えない。しかし、20年後、100年後に同じ場所を訪れたら、まったく違う景色が見えるだろう。

宮城県南三陸町の歌津という町で長年漁師をしてきた千葉正海さんは、震災後にこう語っている。

「津波のあと、海に潜って驚いた。養殖漁業でカチカチになっていた伊里前の海底がふかふかに軟らかくなっていた。半年も経ったら、今度はプランクトンが震災前の2倍に増えた。牡蠣の稚貝の生育もこれまでの記憶にないほど速い。ちょうど60年前の、三陸津波に襲われたあとの海みたいだ。この海と、これからの60年どう付き合っていくか、今度はおれたちが試されているんだなと思う」

縄文時代に巨大津波が日本列島を襲っても、災害と認識した人間はわずかだろう。そして、昔の人はそうした大きな自然現象は大きな恵みももたらしてくれると知っていた。

昔から、日本人は災害と共存して暮らしてきたのだ。

◆火山の恵み――肥沃な土壌と清廉な水、レアメタルやエネルギーももたらす

火山は、地殻の深いところに閉じ込められていたさまざまなミネラルを、噴火によって地表にもたらす。土壌に不足しているリンやカリウムなどが火山灰として降り積もり、そこに植物が腐食してできた有機物も加わって時間をかけて肥沃な土を作る。このようにしてできた日本独特の土壌が黒ぼく土だ。また、九州に多く見られるシラス台地も火山噴火によってできた独特の地形で、水はけの良い地質が特徴だ。火山が作った土壌は、その土地ならではの特産品を生み出してくれる。

火山は、有用な金属ももたらす。金や鉄、アルミなど有用な金属元素をたくさん含む地質は金属鉱床と呼ばれる。これは、地殻中に含まれていた金属元素が何らかの作用によって濃縮したものだが、その作用のひとつにマグマの働きがある。マグマに溶け込んだ金属元素はマグマが冷えて固まるに従って、その溶融温度や元素の比重によって濃縮され鉱床を形成する。同様に、海底では海底火山の活動と深海の圧力によって数百度にもなった熱水が、さまざまな金属元素を溶かし込んで噴き出し、熱水鉱床を作る。2007年には、鹿児島湾の始《あい》良《ら》カルデラでアンチモンというレアメタルの熱水鉱床が発見され、日本で使用される量の

写真1-2◆阿蘇カルデラ全体を望む

阿蘇山は、南北25km、東西18kmの世界でも有数のカルデラをもつ火山群。中央で噴煙を上げるのは中岳火口

180年分にもなると注目されている。

そして、火山は地域のシンボルとなる独特の風景を創出する［**写真1-2**］。まず、噴火によって溶岩が大地の割れ目に流れ込んだり、大量の火山灰や土砂を噴き出したりして基盤地層を作る。そして、山体崩壊は、一時的に荒涼たる風景を生み出してしまうが、しばらく経つと緑豊かでなだらかな山になり、噴火によってせき止められた川や谷は美しい湖沼に生まれ変わるだろう。日本人が愛してやまない温泉も火山の恵みだ。美しい景観と湯煙に癒しを求めて人々が

各地から集まり、素晴らしいリゾートに生まれ変わる。

地熱エネルギーも、震災後、新たなエネルギー資源として注目されている。日本の地熱エネルギーは、すでに自然エネルギー大国アイスランドに匹敵する発電能力があり、アメリカやインドネシアに次ぐ世界最大級の潜在的能力があるといわれる。本格的に開発・利用できれば、エネルギーを輸入資源に頼る日本の大きな力になってくれるだろう。

そして、火山は清冽な湧き水で麓をうるおす。火山に降った雨は水はけの良い溶岩にしみ込み、やがて水がしみ込みにくい泥流の固まった層まで到達すると、その層の上を伏流水となって麓まで流れてくる。自然の濾過装置と水路を兼ねたようなものだ。

もし、火山がなかったら、日本はとても平板で、風土的にも生態的にも貧しい国土になっていたことだろう。

◆地震の恵み――変化に富んだ地形をつくり、多様な生態系と生活文化を育む

地震は大地の多様な環境を形づくり、人類や生物の生存に最適な環境をもたらしてくれる。度重なる地震で隆起が何度も繰り返されると、その場所は何万年にもわたって少しずつ高くなり、大地や高原を造成する。現在、涼しい気候や特産品で賑わっている高原リゾートも、美味しい特産物も、地震がなければ生まれなかったかもしれない。

逆に、沈降現象もある。地震による地面の深い部分の動きで地盤が沈降し、干潟や盆地や入り江を形成し、それが生物の多様性や人類の生活を支えてきた。松本盆地も京都盆地も大阪平野も地震によって生まれたわけだ。

また、地震が起きやすいといわれる活断層は直線的な谷を形成しやすいため、昔から街道に利用されてきた。福井県小浜市と京都を結ぶ若狭街道も、花折断層《はなおれだんそう》という有名な断層に沿って作られた街道だ。若狭街道は小浜の鯖などの特産品を運んだことから「鯖街道」とも呼ばれた。私が応援している福井県のＮＰＯは、この街道をリヤカーを牽いて歩き、鯖街道の言い伝えを再現する活動をしているが、その道中はまるでモーゼの十戒のように山がパックリと割れたような景色が続いている。ちなみに、活断層は過去１００万年から最大２５８万年まで諸説あるが、地層や岩盤の動いた形跡がある断層のことを指す。最近、原子力発電所の再稼動の要件としても話題にあがっているが、ホモサピエンスが生まれる前に動いた形跡しかない断層でさえ、地質学のものさしでは〝活発〟だと判断され、次にいつ動くか分からないというわけだ。

津波の恵みだってある。津波は海底と海岸線に大規模な影響を与えるため、海にリフレッシュ効果を与える。硬かった海底が耕されたように軟らかくなり海底表土が生まれる。その結果、海水中のプランクトンが大量に増え、魚介類が飛躍的に成長して増殖する。地震と同様、海辺に干潟や入り江を作り、魚介類の漁場もできる。

じつは、東日本大震災で甚大な津波被害を受けた三陸地域では、国が津波の再来を防ぐために干潟をコンクリートで埋めてようと予算化している。津波を防ぐ以前に、大切な漁場を封じ込めてしまう愚策を後世の人は何と言うだろうか。

◆台風の恵み——大気や海洋を浄化し、森を更新する

台風は、なんと海のサンゴを再生する。サンゴは褐虫藻という藻類と共生をしているが、海水温が上昇すると褐虫藻がサンゴから逃げ出して白化現象を起こして死んでしまう。しかし、台風による暴風や高波が海の中をかき回すと、深海の冷たい海水と攪拌されて水温が下がり、サンゴが再生するということが分かってきた。自然というのは思わぬところでつながって、バランスを保っているのだ。また、大雨や増水は河川を浄化し、川石のヘドロを取り去って苔を再生し、鮎などの魚が産卵できる環境を蘇らせる。

洪水は、流域や遊水域に土砂を運んで自然客土を行い、肥沃な土壌を生み出す。よく知られているのはナイル川の事例で、アスワン・ハイ・ダムという巨大なダムを造って川の氾濫を抑えたら、ナイル川下流域の土壌がすっかり痩せてしまった。河岸や海岸の侵食が激しくなって、河口付近の海の生態系にも大きな影響が出ているという。

写真1-3◆富士樹海の倒木更新

倒木更新で芽吹いたコメツガ

酸性雨や大気汚染も台風が浄化してくれる。また、台風による暴風は山の木をなぎ倒してしまうが、その結果、林床に日光が入るようになり、倒れた木を礎にして新しい木が芽ばえてくる。これは倒木更新［**写真1-3**］といって、森の新陳代謝を生み出し、健康な山を保つ自然のしくみだ。

このように、自然は常に自らを浄化して再生する機能を持つ。そして、日本人は古代から災害と恵みの関係を理解して、災害による恵みを口伝によって伝え、この列島に住み続けてきた。災害の悲惨な面だけを見るのではなく、その恩恵を理解して災害の全体像を把握することは非常に大切だ。

◆知っておこう

災害は繰り返す
——平安時代と江戸時代の自然災害

地形的に地震や火山の多い日本では、昔から数多くの地震災害に翻弄されてきた。地震は地表だけでなく地層にも大きな歪みを残すため、その歪みを落ち着かせようとして余震も起こす。本震が大きければ大きいほど、それに付随する余震も大きい。また、地震によって地層のバランスが崩れると、それがほかの地震を誘発することもある。そのため、大きな地震の前後には数カ月から数十年にわたり、大小の地震が続くことになる。さらに、地震による地殻変動が火山噴火の引き金となったり、噴火による噴出物が凶作の原因になるなど、天変地異の連鎖となることも珍しくない。

古い書物にもそうした記録は残されている。たとえば、901年に菅原道真らが編纂した『日本三代実録』によると、平安時代の初期、貞観年間の863年には越中と越後で地震があり、翌864年には富士山の貞観大噴火による大量の溶岩流で青木ヶ原樹海や西湖、本栖湖などが形成された。時の朝廷は富士の国に浅間神社を建てて寄進したが自然の猛威は治ま

図表1-9◈白鳳・貞観～仁和期の災害一覧

白鳳	684 天武	土佐、その南海、東海、西南地方の南海トラフ沿いに大地震発生	山崩れ、河湧き、家屋の倒纏、人畜の死傷多く、津波来襲して土佐の船多数沈没。土佐で田苑50万余頃(約12平方km)が沈下して海となった。大津波。
貞観	863	越中・越後地震	山崩れ、谷埋まり、水湧き、倒壊家屋し、圧死者多数。直江津付近にあった数個の小島が壊滅した
貞観	864	富士山大噴火・阿蘇山噴火	北西麓から噴火。大量の溶岩でセの海を埋め尽くし、青木ケ原樹海を形成して本栖湖、精進湖、西湖を作った。
貞観	867	豊後鶴見岳・阿蘇山噴火	
貞観	868	兵庫県南部・京都地震	播磨諸郡の官舎、諸定願寺の堂棟がことごとく倒壊。京都で垣屋が崩れる。
貞観	869	三陸沿岸地震・巨大津波	城郭・倉庫・門櫓・垣壁など崩れ落ち倒壊するもの無数。津波が多賀城下を襲い、溺死者約1千。流光昼五徳隠映すという。三陸億の巨大地震とみられる。
貞観	871	出羽、鳥海山噴火	大量の溶岩噴出、地震多数。この後数年に亘り、大飢饉となる。
貞観	874	薩摩・開聞岳噴火	
元慶	878	関東直下・畿内地震	相模・武蔵が特にひどく、5～6日振動が止まらなかった。公私の建物には一つも完全なものがなく、地滑りで往還不通となる。圧死者多数。京都でも連続性の地震で多くの伽藍、寺社が振動。
元慶	881	京都地震	宮城の垣根や塀、官民の家屋の破損が多かった。
仁和	886	千葉・伊豆諸島地震・新島噴火	
仁和	887	五畿・七道(東海・東南海・南海大地震)南海トラフが動いた	京都での家屋の倒壊多く、圧死者多数。津波が沿岸を襲い溺死者多数、特に摂津で津波の被害が大きかった。南海トラフ沿いの巨大地震と思われる。
仁和	890	京都地震	

出典:『日本三大実録』ほか

らず、867年には阿蘇山が噴火。868年には播磨で大地震、869年には貞観三陸大地震が発生して、巨大津波が東日本大震災とほぼ同じエリアを襲ったという。続く871年には鳥海山噴火、874年には開聞岳が噴火。878年に関東の相模・武蔵で地震、887年に仁和大地震（東海・東南海・南海連動地震）、890年に京都地震と、28年間もの間、災害が続発し、これに飢饉も加わって騒然とした世の中となった【図表1-9】。

江戸時代末期の安政年間（1854〜1860年）には、わずか5年の間に大きな地震が立て続けに起きているし、富士山の宝永大噴火（1707）は宝永地震の49日後に起こっている。当時、江戸庶民の間では、これらの地震は巨大なまずが地下で暴れて引き起こしたとして、なまずを題材にした錦絵「鯰絵」が流行した。

大きな地震によって生まれた岩盤のひずみが安定するまで、地震は繰り返し何度でも起きるのだ。

第Ⅰ部
災害大国 日本

第2章 災害と都市

DOCUMENT

被災後の神戸で感じた、すがすがしさと前向きな力

1995年1月17日、午前5時46分、マグニチュード7・3の大きな揺れが神戸を襲った。阪神・淡路大震災当日、私は静岡県富士宮市の自宅にいた。

マスコミが流す被害の数字は刻々と膨らんでいった。「数」という記号に無数のドラマを読み取れるほどデジタルな思考回路を持たない私は、数字の洪水に感性が麻痺しないうちに行動を起こすしかなかった。自分が参加している複数のネットワークに連絡を取ると、即日、東京で「救援委員会」を発足させ、その2日後には先発隊として神戸の地に立っていた。

被災地での作業は、個人より集団の方がより効率的だ。チームプレイによって大きなセクションを担うことができるし、継続性の面でも優れている。宝塚、西宮、芦屋と被災地を回り、大混乱の行政窓口や避難所を何カ所も訪ねて歩いた。

被災直後の現地は大混乱だったが、決して無秩序ではなかった。もちろん、どこも手が足りず疲れていた。遺体と同室の避難生活。部屋と廊

下の区別もなく、着替えひとつ自由にできない窮屈な環境。人々の置かれた状況は劣悪だったが、その場をある種の高揚感、すがすがしい人間性と前向きな力が支配していて、最悪の状態を免れているように思えた。不眠不休で頑張っているリーダーたちから醸し出される、一種のオーラのようなもののせいかもしれない。そこにいたボランティアたちもまた、初めて体験する災害現場で実にてきぱきと働いていたことが強く印象に残っている。

そして、避難所のリーダーたちは、「ここを支援してくれるのはありがたいが、この先にもっと大変なところがある。そこを助けてあげてほしい」と口を揃えた。その声に従い、私たちは神戸市東灘区に向かった。

そこには凄まじい光景があった。目で確認できる家屋はほぼ１００％倒壊し、あらゆる道は崩れた家の残骸でふさがっていた。私たちは３カ所の大規模避難所を見てまわり、最も混乱を極めていた「東灘小学校」を活動の拠点に据えることを決めると、地域の学校長、ＰＴＡ会長、自治会、区職員などと話し合って役割分担を行い、ただちに支援活動を開始した。

神戸市東灘小学校避難所で
食料配給に並ぶ人たち

避難所には人があふれ、何がどこにあり、誰が何をしているのか分かるシステムもなかった。災害時には地域の小学校を避難所にするとマニュアルで決められていたのだが、そのための準備も訓練もないまま、突如、災害が起こり、千人を超える人で埋め尽くされてしまったのである。まず、この混乱した避難所の機能を整理することが必要だった。教員、区職員、住民、ボランティアの各々の役割を決め、助け合う形を作ること。避難所生活者と周辺住民ができるだけ苦痛の少ない形で生活できるよう、可能なことを計画的に行うこと。手探り状態でもがきながら、話し合いの場を持ち、情報を共有していった。

非日常のなかで刻々と事態は変わっていく。今朝の出来事は遠い過去となり、昨日は幾日も前のように感じられた。私が若き日に味わったアジアの戦場や非常事態下に見られる異常な緊張と高揚を思い出した。

最終的に、阪神・淡路大震災に駆けつけたボランティアは150万人に達した。全国津々浦々から寄せられた義援金や物資は、無数の人々の心と存在を感じさせてくれた。この震災は、この国で初めての本格的な「市民ボランティア」を生み出すきっかけになるかもしれない。私は、そんな手ごたえをひしひしと感じていた。

緊急支援活動といっても、最終的に突き詰めていけば人と人、心と心の関係をどう作り上げるかという人間の生きることとそのままの行為に過ぎない。そして、この場所で大事なことは、温かい笑顔であり、心の通う会話だ。それが仕事を成し遂げるうえで、どれほど効果的であることか。生き延びた人々は、いやというほど涙を流すことだろう。ささくれた雰囲気のなかでは、声を荒げた諍いもしばしば起きる。だからこそ、せめて第三者の私たちは、いつも笑顔で活動をしたいと思う。

やれ人災だ、政治責任だと、かしましい論議を散々聞かされ、政治家の責任の擦り付け合いに心からウンザリした。本当に必要とされている仕事が、脇に置きざりにされているように感じた。

神戸では、地震が起きてから40日経ってもなお、冷たいコンクリートの床で、干すこともできない冷えたせんべい布団に横たわりながら、弱い立場の人はあくまでも弱く、咳き込みながら支援の手を待っていた。避難所で一睡もせずに働き続けていたリーダーや、全国から集まった多

東灘小学校で夜間、暖を取る被災者家族

くのボランティアたちの迷いのない利他の行動を思い出すにつけ、無念でならなかった。

この豊かな日本で、なぜ年老いた人々が1月17日と変わることなく放置されてしまったのか。これは、やはり「人災」というよりほかないのだろう。

01 農村国家から急激に都市化した日本

戦前は特別だった都市の生活

◆三大都市圏に人口の50%が暮らす現代の日本

1945年、敗戦の年。東京は大空襲によって跡形もなく焼き尽くされた。七代にわたって東京に暮らしてきた私の実家も、焼夷弾を落とされて丸焼けになった。東日本大震災後、私たちは被災地で活動をしてきたが、目にするもの目にするもの、両親から聞かされた空襲のあとのような印象をどうしても拭いきれなかった。

ここで、日本という国について改めておさらいしておきたい。現在、日本の首都、東京は世界一の大都市だ。戦後の急激な経済成長と技術革新を経験した今、世界に冠たる都市国家であることは疑う余地もないだろう。

しかし、そんな日本も明治の初めまでは小さな農村国家だった。当時、日本の人口は3300万人。そのうち3000万人は郊外の村に住んでいた。さすがに、東京の人口は当時から飛び抜けて多く約100万人あったが、東京以外で人口5万人以上の都市は、大阪、京都、広島、神戸、名古屋、仙台の6つしかなく、残りは約7万1000あった町村に住む人々だ。つい最近まで、日本人のほとんどは農村で暮らし、都市はごく限られた人だけが住む特別な場所だったのだ。私が生まれた1950年でさえ、東京、名古屋、大阪の三大都市圏の人口は全人口の40%に満たない。

しかし、1888（明治21）年の市制・町村制公布によって市町村の数は1万5820になり、さらに昭和の大合併では約3400、平成の大合併で2010年には1727市町村にまで減少した。2005年には三大都市圏に全人口の50%を超える人が集まり、日本の歴史上初めて都市人口が田舎の人口を上回る。現在、東京には約1300万人が住んでいるが、これは江戸時代後期、安政年間の江戸人口の約10倍だ。人口密度は1平方キロメートルあたり6000人で、茨城、千葉、神奈川、埼玉などを含む首都圏に日本の人口の4分の1が集中している。

さらに東京には、超高層ビルを含む多くの建築物、車や電車などの交通機関、ライフラインなどが集中する。建築物は東京都区部だけで165万棟、都内の登録車両は370万台という驚くべき状態だ。さらに、政府、行政機関、金融、情報、学校や企業も集まっており、そこへ毎日約289万人の人々が昼間人口として流出入を繰り返している。

ちなみに、こうした状況はアジア諸国でも同様だ。私は1970年代にアジアの国々で暮らしていたが、そうした地域の都市人口もこの30年で軒並み10倍くらいに増えている。以前は空気が澄み、自然豊かでのんびりとしていた都市が、マスクなしでは歩けないような劣悪な環境に変わりつつある。東京都市圏（東京都・神奈川県・埼玉県・千葉県・茨城県南部）の人口は2013年現在、約3724万人で世界第一位になるが、二位のジャカルタは2675万人、三位のソウルが2287万人、続くインドのデリーが2283万人、上海が2177万人、フィリピンのマニラが2124万人。中国の北京も2011年時点で2000万人を超えており、急速に人口が増加している。

内閣府が2010年に行った世論調査によると、「大都市に魅力を感じる」という人は20代の76・8％にもなるそうだ。私は20代で東京を出て海外の辺境の地に行ってしまった人間だから、ちょっと感覚がずれているかもしれないが、若い人たちは本当に東京に魅力を感じているのだろうか。私にはとうてい暮らすことができない街になってしまった。

◆世界一リスクの高い都市、東京――行政も経済もインフラもすべてが東京中心

東京に集中しているのは人口だけではない。まず、政府機関や省庁などの統治機能が集まっている。統治機能の権力も東京が強い。省庁の地方局と霞ヶ関との権力の格差は歴然だ。地方議員の東京詣でも相変わらず行われている。戦後、ことあるごとに地方分散、新都心構

想が議論されるが、なかなか実現しない。

そして、当然、経済機能も集まる。確かに一極集中のワンストップにした方が経済効率はいいのだろうが、ひとたびシステムが狂うと大変な被害が出る。最近、東京証券取引所と大阪証券取引所が合併したが、リスクマネジメントを顧みず、生産性や効率性ばかりを重視した〝規模の経済〟は一極集中をさらに加速する。

交通インフラも東京が中心だ。私は地方出張がとても多いのだが、たとえば福井から新潟に行こうと思ったときに、北陸沿いにスムーズに移動できると思ったら大間違いだ。最も移動時間が短いのは、福井から名古屋経由で東京まで行き、そこから上越新幹線で北上するルートだ。時間帯にもよるが、地方から地方の移動をいろいろと検討してみると、東京経由が速い場合が少なくない。つまり、交通システム自体が東京を経由して放射状にできあがっているために、地方から地方の流れが非常に悪く、時間帯によっては乗り継ぎで何時間も待たされるようなことになるのだ。

情報インフラも同様で、やはり東京を経由する仕組みになっている。テレビ放送では、主要な報道やエンターテインメントはすべて東京キー局から発信される。地方局の情報は地方だけで消費され全国に流れることはない。ＩＴ産業も、日本では渋谷や六本木がメッカだ。

ちなみに海外では、アメリカのシリコンバレーのように都市を離れた緑豊かな場所に、産業の集積地を形成しているケースが少なくない。私が長年暮らしていた南インドのカルナータカ州でも、やはり都市近郊のバンガロールという高原地帯に産業を集積し、いまやインドのシリコンバレーと呼ばれるようになった。しかし日本では、かつては地方に分散していた文化資源まで、どんどん東京に集中している。そして、新しい美術館や博物館、劇場などが次から次へと建設されているわけだ。

どうして、こう何でも東京に集めてしまうのだろうか。平成16年の防災白書に、ミュンヘン再保険会社による世界の主要都市のリスク比較が載っている［**図表2-1**］。これは、世界各国の主要都市を、危険発生度、脆弱性、危険にさらされる経済価値の3点で評価し、貿易のリスクを比較したものだが、ロサンゼルスを100としてみた場合、東京は715リスクで堂々の世界第1位。ちなみに第2位のサンフランシスコは165、一方でインドのニューデリーはわずか1・5だ。とにかく、東京は世界最悪のリスク都市と認定されてしまった。いくら貿易で経済を盛り上げようといっても、これでは勝負にならない。

◆災害に弱い一極集中国家——効率性が高いシステムは一気に崩壊

一極集中型の都市は災害に弱い。特徴的な都市型災害としては、密集化による非常時の混乱、被災の急速な波及、ヒートアイランド現象や集中豪雨、豪雨時の洪水、地下街・地下鉄

図表2-1◆世界大都市の自然災害リスク指数

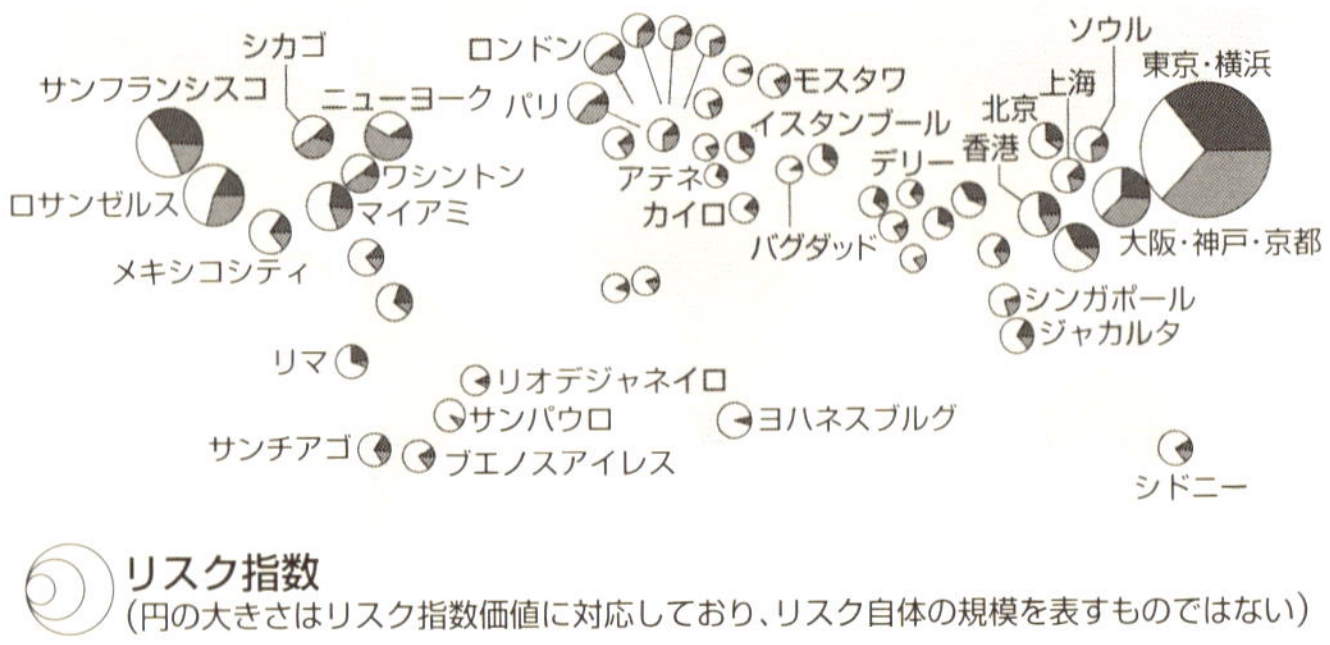

東京・横浜	**710.0**	モスタワ	11.0
サンフランシスコ	167.0	シドニー	6.0
ロサンゼルス	100.0	サンチアゴ	4.9
大阪・神戸・京都	92.0	イスタンブール	4.8
ニューヨーク	42.0	ブエノスアイレス	4.2
香港	41.0	ヨハネスブルグ	3.9
ロンドン	30.0	ジャカルタ	3.6
パリ	25.0	シンガポール	3.5
シカゴ	20.0	サンパウロ	2.5
メキシコシティ	19.0	リオデジャロ	1.8
北京	15.0	カイロ	1.8
ソウル	15.0	デリー	1.5

出典:ミュンヘン再保険会社アニュアル・レポートに基づき内閣府作成

の水没、食料等の備蓄不足によるパニックの発生などが挙げられる。

ちなみに、東京の食料自給率はなんと1%しかない。大阪は2%、神奈川も3%だ。そんな東京が都市機能を維持できるのは、生産性・効率性の極めて高い集中型のシステムがあるからで、非常時にはその機能が壊れてあっという間に都市のインフラは崩壊する。

東日本大震災では、東京は直接の被災地ではなかったにも関わらず、瞬く間にガソリンが消え、コンビニやスーパーからおにぎりや弁当が消えた。これでライフラインが切断されれば、大規模な停電や断水が起き、物流や情報も完全に途絶える。そして、1300万人の住人に加えて289万人の昼間流入人口が即座に被災者となる。たとえ首都直下の地震に見舞われなくても、東京は一瞬にして全員被災者になり、難民化した大群衆による混乱が最大の課題となるだろう。

もちろん、政府も対策は進めている。発災直後の緊急対応時においても首都中枢機能が継続できるように目標を設定し、建築の耐震化やバックアップ機能の充実、事業継続計画の策定・実行、そしてライフラインや情報・交通インフラに携わる事業者には、多重化、耐震化、優先復旧の対策が講じられている。首相官邸の2階には広いレセプションホールがあって、政策に関する会議やシンポジウムが開かれている。その地階には危機管理室があり、首相をはじめ、さまざまな関連部署の担当官が集まり内閣危機管理監を中心にして対策にあたれるようになっている。

また、スマートシティ構想という環境配慮型エコシティの研究も進められている。これは、ITなどの最新技術を駆使して都市全体のエネルギー効率を高め、省資源を徹底しようというもので、2010年に世界で一斉に実証実験が始まり、日本でも横浜市、豊田市、京都府、北九州市などで実証実験が行われている。スマートシティ構想は数千兆円規模の産業になると予測されているそうだ。

しかし、スマートシティには大きな落とし穴がある。それは、すべてが人工的なしくみという点だ。似たような発想で何十年も前に作られたのがブラジリアだ。ブラジルの先進的な首都として、人々の住む場所、行政、商業地区などを整然と区分した人口都市だが、実際に街中を案内してもらって妙に落ち着かない嫌な気分になったことを覚えている。あまりにシステマチックで、その無機質な空気に街の息づかいが感じられなかったからだ。

人類は昔から自然と折り合いをつけた社会システムを作り、そこから逸脱しない暮らし方を営んできた。だからこそ自然災害にも立ち向かうことができたはずなのに、いつの間にか人間の暮らしが自然からどんどん離れ、自然を考慮しないシステムになりつつある。スマートシティのように完璧な人工システムを作ってしまったら、自然現象という型にはまらない事象に対してはそれが最大の弱点になってしまうことくらい、誰にでも分かるはずだ。災害とは混沌とした自然現象が相手なのである。

02
都市を襲う巨大災害
集中化・密集化が招く都市型災害

◆水害――舗装された都市は雨水や河川氾濫で水没する

このように、さまざまな物事が集中した都市は、特有の巨大災害を引き起こす。

最初に水の災害について考えてみよう。東京は昔から水害のメッカだった。江戸時代のころから水をいかに治めるかというのが時の権力者の最大の事業であり、江戸市中は網の目のように掘割が張り巡らされて上水・下水機能と物流機能が整えられていった。しかし、一方で荒川が氾濫する可能性も非常に高くなった。

荒川は埼玉県秩父市の山間部を源流とした一級河川で、都内では墨田区と江戸川区の間を

図表2-2◆荒川水系浸水想定マップ

200年に1回程度起こる大雨によって
荒川がはん濫した場合に想定される浸水のシミュレーション

出典：荒川知水資料館ホームページ

抜けて東京湾に流れ込んでいる。そもそも関東平野は、縄文時代には縄文海進といわれる海水面上昇によって今より5メートルも海面が高く、東京も浅草あたりまでは海だった。だから、もし洪水や津波に襲われたら水没する市街地は非常に多い［**図表2-2**］。そして、日本の都市部の多くは海岸線にあるため、これは東京に限った話ではない。

また、水害の多発は地形だけではなく、近代都市の設計にも一因がある。かつては都市といっても道路は未舗装で、地面に降った雨は地下に浸透して湧き水となり、近郊の水田を潤し、川となって海へと流れていった。つまり自然の循環が機能したなかで人間の暮らしが営まれていたのだ。

ところが、都市化によって道路は車のために舗装され、雨水は地下に浸透しないばかりか、道路からあふれて街を頻繁に浸水するようになった。こうした浸水は内水氾濫と呼ばれる。ちなみに、東京の水害の80％は内水氾濫によるものだといわれている。

一方、川の土手は三面をコンクリートで固められ、単なる水路になってしまった。加えて、近年のゲリラ豪雨などに見舞われると、荒川下流域のように高低差が少ない地域では、増水した川の水が海に流れ込めないまま市街に氾濫してしまう。これを外水氾濫という。このように、多くの近代都市は構造的に内水氾濫と外水氾濫が起きやすい状況にある。

では、実際に荒川の堤防が決壊したらどうなるのか。国土交通省荒川下流河川事務所は、非常に衝撃的なＣＧ映像を作って水害の警告を発している。

最初に水没するのは地下鉄の駅だ。地下鉄や地下街に滝のような雨水が流れ込んで流路になってしまう。荒川周辺の下町エリアを中心に、浸水は東京駅を含む中央区や千代田区にまでおよび、東京23区の約９％が15時間ほどで水没してしまう。ライフラインが寸断され、最悪の場合70万人が孤立し、水が引くまでに最低でも２週間、長引けば１カ月近くもかかるという。

私たちは災害が起きる度に「まさか◯◯するとは思わなかった」という言葉を使いがちだ。しかし、荒川のケースは国土交通省が公表したシミュレーションだ。すでに、ゲリラ豪雨などによって地下街から脱出できなくなった方が亡くなる事故も起きている。新しい地下鉄はまだまだ増えるようだが、これは首都圏に地下水路を作っているに等しい。

そして、このような水没が予測される場所は、震災時に家屋の倒壊が予測される場所とも重なっている。水害に弱い場所は残念ながら地盤も弱いということだ。

◆火災――大地震で都市は火の海に変わる

1923年9月1日、正午直前に起きた関東大震災では、横浜から小田原までの町が津波ですべて消えたといわれている。地震と津波による死者は2万人弱。今回の東日本大震災とほぼ同じだ。しかし、じつはそれ以外に火災によって約9万人が亡くなっている。当時、東京の墨田区本所には陸軍被服廠跡の広大な空き地があった。周囲に燃えるものがないから安全だろうと、そこへ4万人を超える人が集まったというが、火の手は瞬く間に迫ってきて、あっという間に空き地は1000度を超える火災旋風に巻き込まれた。震災後の生活再建のためにと持ち込まれた畳やトタンが人々を傷つけながら空を舞い、ここだけで3万8000人が亡くなっている。

関東大震災から多くを学び、都市計画や防災装置も飛躍的に進歩した現代なら、そんな惨劇とは無縁だろうと思いきや、そうではない。内閣府中央防災会議も指摘しているように、現代は可燃性の新建材が氾濫している。もちろん昔の建材だって木材と紙ばかりだから燃えやすかった。しかし、最近の建材には木材よりさらに燃えやすく、ダイオキシンなどの有毒ガスを発生させるものが数多くある。

また、劇的に増えた車はガソリンを積んだタンクのようなものだ。周辺に火の手が上がれば、路上の車が発火するまでわずか50秒。それが約20秒で隣の車に類焼し、車が数珠つながになった幹線道路の大半は火の海と化すだろう。

関東大震災復興のために、当時の内務大臣、後藤新平は道路の拡幅工事を積極的に進めた。市街地の延焼を幅広い道路によって防ごうという発想だったのだが、そこをガソリン満載の車が埋め尽くすことになるとは想像もしなかっただろう。

もし、現在の首都圏を地震と同時に火災が襲ったらどうなるだろうか。都市火災が数千カ所で発生して65万棟が全焼し、火災による死傷者は少なく見積もっても2万人にもおよぶという［**図表2-3**］。

耐震性の高い強化コンクリートが使われた中高層ビルも、じつは火災にはかなり弱いということが分かってきた。コンクリート内部の気泡が熱拡張で弾けて建物が崩壊する爆裂現象の危険性が指摘されている。1000度を超す火災旋風が秒速100メートルの勢いで吹き荒れ、多くの人々が呼吸器を焼かれて瞬時に亡くなるという惨状が、現代でも予想されるのだ。

◆インフラ・情報の途絶――情報の収集は被災後の10分間が勝負

社会を維持するために必要な施設・設備などの物財をインフラという。行政や教育、医療、金融など、公益的な知財とともに私たちの社会生活を支えている。

災害による都市のインフラシステムの崩壊は深刻な問題だ。近代都市は密集化、複雑化しており、可燃物の大規模集積などは災害の発生時には危険な状態を引き起こす。豪雨や洪水、熱波、地震、断水、停電、孤立、感染症などにも極めて無力だ。災害時には情報や物流が機能しなくなるが、都市圏においてはそれがより顕著に起きる。

まず、情報が途絶えてしまうと事態の把握が困難になる。3月11日、私たちが東京で研修を行っている最中に地震は起きた。すぐに救援組織を立ち上げようということになったが、もしあのとき、東京が震源地だったらどうなっていただろうか。当然、すべての情報インフラが破壊され、何が起きたかも、これからどうなるかも予想できなかっただろう。避難行動を起こすどころか、家族の安否さえ確認できない。携帯電話もテレビもパソコンも使えなくなる。停電してしまったら防災無線も役に立たないのだ。

新聞も被災地には届かない。信頼できる情報源は、唯一携帯ラジオだけだ。そのくせ、噂だけは瞬時に伝わり、いろいろなデマが飛び交う。ちなみに、携帯電話やスマートフォンは、

図表2-3◆地域危険度マップ

出典：東京都都市整備局

震災直後に限れば使えるだろう。東日本大震災でもそうだった。阪神・淡路大震災のときは携帯電話が現在のように普及していなかったため、逆に黒電話が使えなくなった。つまり、携帯にせよ固定にせよ、みんなが一斉に使うと回線がパンクしてしまうのだ。それでも、最初の十数分間は携帯もスマホも通じた。情報収集は最初の10分が勝負と覚えておこう。

　では、こうした情報途絶はどのくらい続くのか。関東大震災のときは周辺地域が尽力して、輪転機を外から運び込み、「東京が大震災に見舞われた」という号外を新聞社がいち早く出したという。しかし、それは局地的な震災だからこそ可能だったのだ。

東日本大震災では、新聞や出版物に使われる紙を生産する大手製紙会社の工場が大きな被害を受けた。新聞の休刊こそ逃れたが、一部の雑誌は発行を遅らせるなど被災直後の出荷調整に大変な苦労を強いられている。停電が続くなか、テレビ放送では自社番組のインターネット配信という異例の緊急措置が行われた。もし、首都圏が震災に見舞われたら、そうした対処さえ不可能になるだろう。

◆物流の途絶――緊急物資、医薬品、食料、水さえも入手困難

現在、予測されている東京湾北部地震は、東京中心部から郊外におよぶ広い地域が被災する。そこに、東海地震が連動などしてしまったら、物流は完全に途絶えるだろう。緊急物資、医薬品、食料、水さえ入手困難になる。

東日本大震災では、石巻にある日赤病院が最後までかなり頑張って医療体制を維持していたが、ほかの病院はことごとくやられてしまった。ガソリンや石油、プロパンガスといった燃料も尽きてしまい、移動はおろか暖房さえままならない。生きていくために必要なすべてのものが途絶えてしまう。

もちろん、被災した人々は着たきり雀の状態だ。防寒着はもちろん寝具も着替えもない。東日本大震災では震災関連死で2916人（2013年9月末日現在：復興庁）もの方が亡くなっているが、このなかで初期に多いのは津波や地震から逃れたあと、避難所に行くまでの間に亡くなった人たちだ。あのとき、避難所が機能するまでは、誰もが雪の降る山中でなすべもなくガタガタ震えながら過ごしていた。その寒さのなかで多くの命が失われたのだ。その後は、当然のことながら高いストレスをかかえる福島県に集中している。

災害の規模にもよるが、救援物資は手持ちの食料を食い尽くして10日経っても来ないだろう。内閣府は、こうした物流は3、4日で回復できると計画を立てていたが、東日本大震災では首都圏が無事だったにも関わらず、回復までおおよそ半月かかった。私たちが震災から3週間くらいして救援に辿り着いた地域でも、それが初めての支援だという方がずいぶんいた。こうしたことから内閣府も各家庭の備蓄を1週間以上と修正した。

東日本大震災の被災者全体で見ると、指定された避難所にいる人よりも、被害を逃れた家に一時的に避難している人の方が圧倒的に多く、そうした場所で身動きが取れなくなっていた。たとえ、避難先が農家で、味噌、醤油、漬物、お米などの備蓄があったとしても、5家族、10家族が一緒にいれば、あっという間に食料は底をつく。そのあとは、ひたすら救援を待つしかない。

ましてや食料自給率が1%しかない東京では、流通市場にある食料が1日で消えると考えられているわけだ。震災が午前中に起きたとすれば晩飯はない。かろうじて避難所には空から食料が届くかもしれないが、被災者すべてには届かないだろう。これは、これまで起きたすべての災害で目にしてきたことだ。ある避難所に物資が来ていたのに、すぐ近くに避難している方々には物資も食料も届かなかったということは、どこでも必ず起きている。

◆帰宅難民——首都圏では人口の半分が帰宅困難者になる

東日本大震災では、首都圏で515万人が帰宅困難者になったと推定されている。交通機関が麻痺したため、人々は自宅まで平均して通常の7倍近くの時間をかけて帰宅することになった。4人に1人は帰宅ルートに自信がなかったという。車通勤の人も自宅まで通常の5倍もの時間がかかっている。

もし首都直下地震が起きたら、帰宅困難者は650万人におよぶというのが内閣府の想定だ。中央防災会議は、帰宅距離が10キロメートル以内の者は全員「帰宅可能」だとし、10キロメートル以上になると帰宅困難者が現れ、20キロメートルを超えると全員が帰宅困難になるとしている。ずいぶんと機械的な考え方だが、とにかく首都圏人口の半分は帰宅困難者になる。これは、世界でも例のないことだ。

このように、現代の最先端をいく近代都市TOKYOも、いったん災害に見舞われれば、まるで原始時代に戻ったかのように何もない世界となる。超一極集中国家におけるインフラの崩壊は、日本という国家機能さえシャットダウンする本当に恐ろしい事態を生むだろう。

03 パニックと災害
災害時のパニックで暴動が起きるというのは真実か

◈パニックとは何か?——過去の事例から見るパニックの典型

パニックとは、突発的な不安や恐怖による混乱した心理状態と、それに伴う行動を指す。最近は、ちょっと焦ったときに「パニクる」という言葉も使われるようだが、パニック障害という医学的な病名もある。これは、非常に強いストレスによって手足がしびれたり呼吸困難が起きたりするもので、100人に2、3人の確率と意外によくある病気らしい。

そして、パニックと災害は双子の兄弟のようなものだともいわれる。「災害時には正常な判断を失い、暴走や略奪、殺傷などの大混乱を引き起こす」というのだが、果たして本当にそうなのだろうか。過去に起きたさまざまなパニックの事例から見ていきたい。

１９７６年、静岡県沼津市の大衆酒場「らくらく酒場」で起きた火災事故では、ドアのところで15人が折り重なるようにして亡くなった。これは火災に気づいて非常口から逃げようとした人々が、内開きのドアを全員で押し続けたために開けることができず、逃げ遅れてしまったという悲劇だった。混乱してドアを引くことに気づかなかった、もしくは後ろの人が押し寄せてくるために引けなくなったのか。いずれにしても、結果として逃げ遅れて煙にまかれてしまったのだ。火災の煙はたき火の煙とは違ってさまざまな有毒ガスを含んでいるため、吸うだけで命を失うこともある。こうした内開きドアによる事故は世界中で起きている典型的なパニック型の事故だ。

また、人間の脳は過去の体験から現実を理解しようとするため、過去の記憶に合致するものがないと混乱してしまう。２００１年に起きたアメリカ同時多発テロ事件では、ビルが襲われて一刻も早く逃げるべきなのに読みかけのミステリー本を探してしまったとか、南タワーに航空機が衝突したのに階段を上がってしまったというような話がたくさんある。東日本大震災でも、津波が来るのに位牌などを取りに戻って命を落とした方は少なくない。

人はパニックに陥ると、何でもいいから自分のできることを探してしまう。パソコンを終了させるといった、どうでもいい日常的な行動をしたり、家族や友人に電話をして状況を確認することで、自分が置かれている状況を受け入れずに避難を先延ばしにする。また、人間の脳は混乱するとさまざまな情報を延々と収集し、なおかつ判断は先延ばしにして右往左往してしまうもののようだ。

パニックは、災害以外の要因でも発生する。有名な事例では、サウジアラビアのメッカの巡礼があるだろう。とくに大巡礼には何百万人もの巡礼者が集中するため毎年のように圧死事故が起き、その度に多くの人が亡くなった。1990年には1426人もの信者が命を落としている。繰り返し起こる惨事に、サウジアラビアの国王は「人間はいずれ死ぬのだから、メッカで死ねれば本望だろう」というコメントを出して、西側諸国の人たちを憤慨させたという。しかし、さすがに2006年には設計や防災設備の専門家を投入して防災システムが作られ、避難ルートやメッカ巡礼にあたっての事前教育が行われるようになった。それ以来、大きい事故は起きていないそうだ。日本でも兵庫県明石市の花火大会で、会場に向かう歩道橋の上の人々の数が膨れあがって押し合いになり11人が圧死する事故があった。

特殊なケースとしては戦場パニックというものもある。これは、戦闘中に起こすパニックを指すのではなく、戦地から帰還した兵士が心的外傷によるストレス障害、PTSD（心的外傷後ストレス障害）を起こすというものだ。自分が殺した敵兵や罪のない人々が夢に出てうなされるようなフラッシュバック現象や、隣にいる自分の家族が血まみれに見えてしまうといった幻覚症状が、ベトナム帰還兵の18・7％、イラク帰還兵の16％に見られるという。この数字を大きいと見るか小さいと見るかは難しいが、同じように、太平洋戦争で日本兵として戦った80歳以上の方々のなかにも、似たような苦しみを未だに抱えている人がたくさんいるという事実を忘れてはいけない。

◆パニック神話とエリートパニック——パニックへの不安が招く新たな惨事

ちなみに、パニックの語源はギリシア神話にあるという。酒と音楽とニンフが大好きな牧羊神パンが、午睡を邪魔されると怒り狂って人々を恐怖に陥れたことから、恐怖や不安で逃げまどうことをパニックと呼ぶようになった。

そして、人間社会のなかにある〝パニック神話〟も少し困った存在だ。この神話では、災害時には人々が正常な判断力を失って暴走や略奪などのパニックを引き起こすと信じられている。ハリウッド映画などでは、阿鼻叫喚のパニックシーンで恐怖心を煽るのがひとつの定番だ。確かに、先に紹介したような災害時に起きやすい典型的なパニックはある。しかし、政府や警察、マスコミなどはそうしたパニックを極度に恐れて、逆に災害時の安全・安心を強調したがるのだ。東京電力福島原子力発電所事故の際にも、放射能は人々が恐れるほど危険ではないのだと強調する学者や政治家が少なからずいた。いわゆる原発安全神話も同じ心理だろう。

このように、パニック神話を信じた行政統治者や軍、警察、マスコミなどのエリートが切迫する危機に向き合わず、穏便に事が進行するようにと情報を隠して避難勧告などを出すことをためらったケースは多く、「エリートパニック」とも呼ばれている。アメリカ同時多発テロのときも、人々が一斉に避難して大混乱になることを恐れて、その場に留まるように指示が出されている。その結果、多くの方が亡くなった。パニックが起こるかもしれないという不安から情報を規制したことで、新たな惨事が引き起こされてしまうのだ。

1906年に起きたサンフランシスコ大地震は3000人の方が死亡した大震災だが、サンフランシスコ市長と警察署長は「大混乱となり、暴動が起きるに違いない」という見解から被災者を動かさなかった。がれきの中から人々を救おうという自発的な救援活動が次々に生まれていたのに、それを警察が阻止し、被災者を残したまま立ち入りを制限したのだ。さらに「命令に背く者はその場で射殺せよ」と命じ、警官の制止を無視して助けに入った人たちの多くが軍と警察によって殺されるという恐ろしい結末になった（射殺された人数は50人から500人まで諸説ある）。

1977年に起きたアメリカのビバリーヒルズにあるサパークラブの火災では、164人が亡くなった。これは1000人ほど収容できる大ホールの管理責任者が、火災発生を知りながら避難指示を出さなかったことが災いした。

1985年に起きた南米コロンビアのネバドデルルイス火山の噴火では、2万人を超える人が亡くなっている。噴火したマグマが氷河を溶かし土石流となって麓の町を襲ったのだが、じつはこの1カ月半前に学者たちの必死の研究によって噴火が近いことは分かっていた。学者たちはハザードマップを作成して、避難に関する警告まで行ったのだが、当局者がハザードマップを自分のところでひねり潰し、すべてが役に立たなかった。

同じく1985年に長野県地附山で起きた地滑りでは26人が亡くなった。戸隠バードラインという観光道路を作ったために、湧き水が地下の凝灰岩の地層をゆるめることになり、数年後に地滑りを起こしたのだ。この場合も、地滑りが起きる前に道路にひび割れが確認され、学者たちが避難勧告をしたにも関わらず行政は耳を貸さなかった。この事故はのちに裁判となり、道路の管理者である長野県と市が過ちを認めて謝罪している。

2005年にアメリカのニューオリンズを襲ったハリケーン「カトリーナ」の災害は覚えている方も多いだろう。ハリケーンによる死亡者は1800人にもなった。このときは、市長が避難勧告をしたのに人々がなかなか避難しなかった。そして、ようやく避難を開始したとき、今度は軍や警察が人々を射殺する事態が起きた。じつはこの地域の住人は黒人が多く、「被災地で黒人が略奪やレイプを行い治安が崩壊している」という事実誤認の報道が、その引き金となった。救援物資が届かないため、その場にある食料を分け合っている様子を略奪と決めつけて報じた結果、罪のない黒人が射殺される事件が起こり、一説には被害者は数十人ともいわれる。また水没した街や病院に取り残された人々までを危険視して放置した結果、数百人の人々が命を落とすこととなった。これは人種差別問題も絡んだ悲しい結果だ。

東日本大震災の東京電力福島原子力発電所のメルトダウンに関しても、結果的に5月になるまで正式には報じられなかったし、放射性物質の飛散シミュレーション「SPEEDI」のデータも、事実と異なるという理由で公表されなかった。その結果、より放射能汚染の高い場所に避難して、無意味に被ばくをしてしまう人々も大量に生み出した。エリートパニックは、さまざまな悲劇を引き起こしてしまう。

◆正常性バイアスの罠――人はみな自分だけは安全だと思いこむ

パニックは〝正常性のバイアス〟という事態も引き起こす。これは、自分が直面している危険を受け入れることができないという現象だ。

過去の地震で津波が起こったとき、津波警報が出ているにもかかわらず避難しなかった人は大勢いた。2006年11月に発生した千島列島沖地震では、注意報から6分後の釜石では、避難指示を受けた7000世帯1万7000人のうち避難場所に逃げたのはわずか74人。大船渡では沿岸の住人1万1500人に避難勧告が出されたが、避難したのは390人。北海道根室でも勧告を出された約3万人のうち避難したのはわずか900人だった。

一方、東日本大震災で、10メートルもの津波に校舎がのまれた釜石市立鵜住居《うのすまい》小学校は、生徒たち全員が助かり〝釜石の奇跡〟といわれた。これは、子どもたちが正常性バイアスに陥らず、迅速に走って避難したから助かったのだ。

では、どうして緊急時に避難行動が取れないのか。まず、人間は無意識に「自分だけは安全だ」「異常事態など起こるはずがない」と考えて、適切な緊急時対応を避けてしまう癖があるからだ。また、災害時などの過度な緊張とエネルギーのロスを防ぐための防衛反応として、心が危機に対して鈍感になるという生理的なしくみがあることも分かってきた。

2003年に、韓国の大邱《テグ》で地下鉄火災が起きた。200人近い方が亡くなった、世界で2番目に大きな地下鉄火災事故だ。放火によって車両が燃え上がり、煙がホームに充満した。そこへ、運の悪いことにもう1本の列車が入線し、その後すぐ停電になった。運転手と車掌は「軽度の事故が発生しましたが心配はありません。そのまま車内でお待ち下さい」という車内放送をして何度か通電を試みたが電車は動かず、最終的に司令センターからの指示に従い電源を落としたまま車両のマスターキーを持って出てしまった。ドアを手動で開放させる指示も不徹底だったため、ほとんどの乗客は車内に閉じこめられてしまったのだ。公表された当時の写真には、煙の充満した車内にハンカチで口を覆って座っている乗客たちの姿が写っている。その状況下で、誰1人として逃げ出す人がいなかったのである。

1980年、栃木県川治温泉のホテルが全焼し、老人会で来ていた45人が死亡した火災事故では、非常ベルを聞いたあとの行動が宿泊客の生死を分けた。誤作動だろうとお茶を飲んでいたグループは全員が亡くなった。一方、別のグループは幹事が様子を見に行って火事だと気づき、全員を誘導して助かった。ここで注目したいのは、亡くなったグループが特殊な例ではないということだ。災害という悪い予想は封じ込め、なかなか避難をしないというのが一般的な人々の傾向なのだ。

◆フリーズ現象――強い恐怖は体の機能を停止させる

タヌキは鉄砲の音などで驚くと、死んだように動かなくなる。いわゆる〝タヌキ寝入り〟だが、これもパニック状態のひとつだ。ヌーの子どもも、ライオンに捉えられると暴れることなく、されるがままになってしまう。こうした現象は多くの動物に見られるもので、麻痺とかフリーズと呼ばれる。強い恐怖を感じると、本能的に体の機能が止まってしまうという現象だ。

これは人間も同じで、有名な探検家、リビングストーンは、ライオンに噛まれて振り回されたときのことを「意識ははっきりしていたのに痛みも恐怖も感じなかった」と回想している。おもしろいことに、ライオンが撃ち殺されて自分が助かった思ったとたん、感覚が回復したそうだ。麻痺やフリーズは被捕食者の痛みや恐怖の感覚を消し去るための本能だが、仮死状態になって捕食者に死体だと勘違いさせることで、食べられることを防ぐ意味もあるらしい。

しかし、現代に生きる人間がテロや災害に直面してフリーズしてしまったら、助かる命も助からない。生きるためには、とにかく動かなくてはいけない。

ちなみに、フリーズ状態が続くとショック症状を引き起こす。捕まったノウサギは、フリーズを起こしてしばらくは心臓も動いているが、そのまま放っておくとショックを起こし、30～40％の確率で死んでしまう。人間も大きなショックを受けると頭の毛細血管が切れ、倒れてしまうことがある。こうした場合は、大きな声や音で意識を回復させるしかない。

04

デマと流言
災害時は情報も混乱する

◆デマはなぜ生まれるのか——不安がデマを生みだす

パニックではないが、災害時に起きやすい事象としてデマも挙げられるだろう。関東大震災のときには、「朝鮮人が暴徒化した」、「井戸に毒を投げ込んだ」、「放火をしている」などという噂が広まり、新聞まで書き立てる騒ぎとなった。当時、東京には朝鮮や中国の人がかなり暮らしていたわけだが、このデマによって自警団が制裁に乗り出し、多くの朝鮮人の命を奪った。その数は3000人とも6000人ともいわれている。

中越地震のときにもボランティアが被災者の家に盗みに入ったという噂が流れた。救援活動をしていた私たちのところにも警察がやって来て、ボランティアの名簿を見せてほしいと言われて驚いた記憶がある。東日本大震災では、コスモ石油千葉製油所のタンクが燃えたときに、有害物質を含んだ雨が降ってくるというチェーンメールが大量に流れて大切な被災者情報の邪魔をしてしまった。また、このときも津波で亡くなった人から指輪や金歯を盗む人がいるとか、津波で流された金庫を荒らす者がいるというデマがあった。

デマには自然発生的な愉快犯デマと、意図的に被災者や国民の不安をほかの人に振り向けようとする世論操作デマがあり、特定の組織がデマを流すこともある。いずれにしても、デマが発生する背景には、必要な情報が社会や集団に届いていないという強い飢餓感がある。だから、人々にとって重要度の高い情報が乏しいときほどデマが生まれやすいし、重要だと思うからこそ瞬く間に広がる。そして、真の情報がないから真偽を確かめる術もなく、いつまでもデマが堂々と生き残ってしまうというわけだ。

◆情報は加工される――報道や科学的データに潜む送り手の意図

私たちは、テレビや新聞が言っていることは簡単に信じてしまいがちだ。これが怖い。情報というのは常に加工されるものだからだ。

広告などの企業情報から政治的なプロパガンダ、アジテーションから洗脳まで、古今東西いろいろな形で情報操作は行われてきた。公共放送だって、意識するかしないかに関わらず、必ず送り手の意図は挿入されてしまう。オウム真理教の事件で話題になった洗脳やマインドコントロールのような非常に恐ろしい情報操作もある。それに比べたら、やらせ報道などは実に分かりやすい。私も偏向報道や、切り貼り報道などは実際に体験したが、インタビューに答えた話の特定の部分だけを切り貼りして、まるで違う話に加工されてしまう。これは、ディレクターや記者が自分の描いたストーリー通りに全体を構成したいと思ったときによく起きる。また、マスコミはスポンサーの批判はできないし、視聴率を握るタレントや影響力のあるタレント事務所の批判などもってのほか、という傾向が強い。

統計データなら信用できると思うかもしれないが、これも絶対ではない。アンケートや世論調査も加工されてしまう。最近では、九州電力のやらせメール事件が話題になった。あれは、原子力発電所の再稼働に関する調査において、関連会社の人間に再稼働支持のメールを投稿するように指示した組織ぐるみの情報操作だった。さすがに、そこまでやったら責任を問われるが、意図的な情報操作でなくてもデータはくるくる変わる。たとえば、消費税増税法案を可決させるべきか否かという2012年6月に行われたアンケートに対して「可決すべき」と答えた人は、朝日新聞では17%、読売新聞では64%だった。同じ質問でも世論調査の対象や設問の仕方によって結果はまったく変わってしまう。また、科学的なデータも、実験方法や目的によっていろいろな数値が出る。

学術的な実験によるデータであっても、何かを裏付けたり検証したりすることが目的である以上、恣意性に囚われるということを、私たちは肝に銘じておかなければいけない。

◆情報を持つ者は隠したがる――真の情報は対策のめどが立つまで公表されない?

そして、情報を持つ者は隠したがる。なぜなら、既得権益を持つ者には共通する妙な迷信があるからだ。前述したエリートパニックにも通じるものだが、彼らはまず、情報はよけいな風評被害を生み、自分たちの地位や既得権益に影響を与えるのではないかとおびえている。「近いうちに富士山が噴火するなどと言ったら、観光で成り立つわが町は成り立たなくなるではないか」。富士山の噴火に関して富士吉田市は実際にそう言っていた。しかし、火山噴火予知連絡会の元会長が「正しい情報を知ることがパニックを防ぐことになる」、「ハザードマップを作って配布すべきだ」と力説し、最終的に対策に同意させた。

行政も警察も消防もマスコミも、「情報がパニックを起こす」、「対策の目処が立たないリスクを公表するのはまずい」と口を揃えて言う。確かに、これには一理ある。しかし考えてみれば、対策は常にリスクと並行しつつ取り組むもので、対策の目処が立たないというのはおかしい。どのような事態でも、手近にできることは必ずあるものだ。

一般市民は基礎知識が充分ではないから、情報を誤解なく伝えることはできないなどという考え方は、まさにエリートならではの発想だろう。東日本大震災のあとも、政府・行政・東京電力などは、そのような発想が根強くあるようだが、それが国民の一層の不信感を生ん

写真2-1◆日光東照宮と秩父神社の三猿

日光東照宮「見ざる·言わざる·聞かざる」

秩父神社「よく見て·よく聞いて·よく話す」

でいる。

日光東照宮は、「見ざる・言わざる・聞かざる」の三猿で有名だが、秩父神社には「よく見て・よく聞いて・よく話す」というお元気三猿がある［**写真2‐1**］。秩父神社の神主さん曰く、日光東照宮の猿は子どもの猿なので、悪い世の中は見ないように、悪いことは言わないように、悪い情報は聞かないようにと戒めたものだが、秩父神社の猿は大人なので、世の中をしっかりと見て、情報を聞き、自分の意見を持って話そうという教えなのだという。

05
災害体験とコミュニケーション

◆災害時のユートピアと社会変革

混乱した災害現場でパニックや殺し合いや略奪が起こるというのは、「災害時のパニック神話」だとお伝えしてきたが、これには、さらに踏み込んだ指摘がある。激甚な災害や戦火という共通の被災体験のもとでは人々の間に協調や連帯が生まれ、むしろ、お互いに助け合う利他的な行為が生まれるというのだ。これは「災害時のユートピア」といわれる。人間は、そうすることで大惨事の恐怖を乗り越えようとするのだ。

災害時のユートピアにはいくつかの特性がある。まず、過酷な災害を生き延びたという共通体験によってお互いに共感・共鳴が生まれる。そして、とくに軍事政権下などにおいては既成の秩序が崩壊したときに、自主自立の秩序が発生する。それは利己的な行為よりも利他的な行為の方が常に勝る。しかし、非常時の自律的な秩序は、行政・軍・警察などの既成秩序が回復すると消滅する。私の体験でも、被災地で公的な災害本部（＝既成秩序）がうまく機能してくると、民間ボランティア（＝自律的秩序）の役割は一気に縮小することが多い。そして、秩序の回復が遅いほど、市民の自律的な秩序と統制はさらに発展していく。

第二次世界大戦や関東大震災、江戸時代の安政大地震などにおいても、友愛精神にみちた利他的行動は数多く見られたという。カトリーナに襲われたニューオリンズの人々が食料を分け合い、東日本大震災において日本人が絆という言葉のもと助け合ったのも、まさに災害時のユートピアだったのだ。

しかし、このような市民や住民による自律的な組織は、支配欲の強い管理的な組織と対立しやすく、不当な抑圧を受けたり、ときには犯罪者集団のレッテルを貼られて弾圧されてもきた。パニック神話やエリートパニックにつながる発想だ。

こうしたことから、災害は社会の問題点を顕在化させ、変革を起こすともいわれる。社会が衰えつつある兆候がわずかでもあると、災害を契機にそれは一気に加速する。また、政権やメディアによっては、災害ナショナリズムが煽られ、排他的な言動が支配的になったりするケースもある。

１９７２年のニカラグアの地震の対応への不満の高まりから、50年近く続いたソモサ一家による独裁政権が革命によって倒された。１９８５年のメキシコ地震も、２０００年に終止符を打った71年におよぶ一党独裁政権崩壊の大きなきっかけとなった。

社会学者の小熊英二氏によれば、神戸の主要産業といわれた港湾とケミカルシューズと重工業は、阪神・淡路大震災を境に一気に衰えたという。港湾は韓国の釜山に、ケミカルシューズは中国に御株を取られ、多くの企業は復興後の神戸に戻らなかったという。

また、ゴルバチョフの回顧録によると、チェルノブイリの原発事故はソ連崩壊の引き金になった。東日本大震災では、漁業のメッカとして知られた地域が津波を被ったわけで、高台移転は社会構造や経済活動に変化をきたし、限界集落を作る要因にもなるのではないかと心配されている。民主党政権が倒れたのも原子力発電所事故への対応が大きなマイナスになったことは間違いないだろう。

◆リスクコミュニケーションへの理解と課題——命を守るための情報発信

災害時に1つでも多くの命を守るためには、全身にアンテナを張り巡らせて情報を収集し、即座に判断して行動を起こすことが重要だ。

近年では、過去の失敗も踏まえて、パニックの対策も考えられるようになってきた。災害や大規模な事故などの社会的なリスクに対して、その原因や兆候、危険の可能性などについて、住民も含めて広く情報を共有し、お互いの協力を可能にしようという、リスクコミュニケーションの取り組みだ。

行政や専門家による情報の囲い込みに対する反省から、リスクコミュニケーションに理解を示す自治体も増えてきた。たとえば、首都直下地震や南海トラフ地震が起きた場合、どのくらいの被害が予想され、どこにどの程度の津波が来るのか。今までは〝想定外〟とされてきた最悪の予測も公開して、防災や避難の対策をみんなで考えていこうというのだ。

そのためには、ただ情報をオープンにするだけではなく、噴火や地震のように非常に頻度の低い災害や、予測が難しい災害のリスクをどのように伝えるか、情報発信の方法も検討が必要だ。さらに、人々の災害に対する意識をどう高めたらよいか、信頼される情報発信とはどうあるべきか、避難勧告に従ってもらうためにはどうすべきか、緊急避難計画の立案に住民が参加する手法など多くの課題がある。

リスクコミュニケーションの最良の方法は、まだ分からない。これまでの多くの災害で得た知識や経験をむだにすることなく、行政、企業、専門家、住民などの関係者がしっかりと話し合い、調整を図っていくことが必要とされているのだ。

※リスクコミュニケーションについては、第6章 災後社会を生きる［03 復興に、私たちができること――「リスクコミュニケーション」の構築で災害に強い社会を」（209ページ）参照。

◆知っておこう

こんなとき、パニックは起こる！——緊急時にパニックを引き起こす状態

パニックが起きると略奪や暴動が起こるというのは神話だが、災害によるパニックが事故を引き起こすというのは事実だ。どんなとき、パニックは起きるのだろうか。

（以下、東京女子大学名誉教授　広瀬弘忠氏の分析による）

❶緊迫した状況に置かれていると感じているとき

平安時代、平維盛の大軍が富士川で陣を張っていたとき、源頼朝の小隊が夜中に馬で奇襲を仕掛けようとした。そのとき、水鳥が一斉に飛び立った。突然の大きな羽音に、維盛勢はかなりの軍勢がやってきたと思い込んで大混乱を起こし、戦わずして逃げたという逸話がある。これは、極度の緊張が招いたパニックだ。

❷まだ、危険から逃れる方法があると信じているとき

意外に思うかもしれないが、事故を起こした潜水艦のなかではパニックは起きないという。全員が助からないと諦めてしまったらパニックにはならないのだ。

❸自分は取り残されるかもしれないという不安を感じているとき

そんな状況で誰かが救命道具を独占しようとするなど、早い者勝ちの脱出劇が起きたりすると、人々は一斉に奪い合ったり、出口に殺到したりする。

❹状況に関する情報がなく、集団内のコミュニケーションも絶たれたとき

情報や交流が絶たれると、人々の心のなかで妄想が膨らむ。映画館や劇場から逃げようとしたとき、出口付近で人々が折り重なるように倒れているのに、後ろの人たちは状況が分からずに押し合って出口に殺到する。

第3章 災害を減らす工夫と心得

DOCUMENT

カムチャツカの火山で九死に一生を得る

カムチャツカ半島は、ユーラシア大陸の東側を占めるアジア大陸の最も北東に位置する、日本の1・3倍ほどの面積の大きな半島だ。中央部には山脈が走り、約160座の火山がある。うち29座は活火山で、今、まさに噴火活動中の活火山から、富士山のような美しい成層火山まで、多様な形式の火山を有するため「火山の博物館」とも呼ばれている。また、山岳地帯には氷河もあり、美しい湖水や温泉、先住民の文化なども残る魅力的な場所でもある。

私が初めてカムチャツカを訪れたのはソ連邦崩壊から3年後の1994年。手つかずの大自然を活かしたエコツアー開発と火山調査のためだった。以来、その素晴らしい自然に魅せられて何度もこの地を訪れ、エコツアーも開催してきた。

1994年、初めてカムチャツカにやってきた私と仲間たちは、軍用6輪トラックで道なき道を進み、目の前の無防備で果てしない原野に圧倒されながら、首都に最も近い活火山、アバチンスカヤ火山に登った。エコツアー開催の可能性を探るためだ。

ベースキャンプから山頂まで標高差は約2000メートル。途中、いくつもの氷河を越えてたどり着いた。山頂は、周囲が切り立った丸いカルデラで、その奥にある中央火口丘は噴気が立ち込めて見えなかった。空気は肌寒いが、地面に温度計をあてると一気に50度を超してしまう熱さだ。私はガイドとともに山頂火口に降りていき、目の前に真っ黒く迫り上がる火口丘の真下に来た。黄色い硫黄柱からは、もくもくと火山ガスが噴出している。

私はその様子を写真に収めようと、慎重に足を踏み出した。その瞬間、鼻腔に強い刺激を感じ、黒いカーテンが降ろされたように目の前が真っ暗になった。呼吸もできない。「逃げなければ……」と頭の中では思っているのに、体は硬直して動かすこともできず、しゃがみこむのがやっとだった。

そのとき、ふっと風が吹いて、再び新鮮な空気が胸を満たした。硬直していた体がゆっくりと動きを取り戻し、視界も蘇った。今度こそ大声で「逃げろ!」と叫ぶと、私は急いでその場を離れ火口をよじ登り、事なきを得た。私が吸ったのは濃い二酸化硫黄で致死性の高い毒ガスだっ

アバチンスカヤ火山麓のベースキャンプ。奥に山頂を望む

た。あと数十秒、風の吹くタイミングが遅れていたら、私はこの世から消えていただろう。今、思い出してもゾッとする。

火山ガスは、マグマに含まれる気体が地表に噴き出しているもので、その99%は水蒸気だ。しかし、残り1%のガスの成分によって非常に強い毒性を持つものもある。日本の火山地帯でも、有毒ガスが出る場所は〝地獄〟とか〝殺生が原〟といった地名をつけられ、人々から恐れられてきた。また、火山ガスには硫黄のように強い臭気があるものもあれば、炭酸ガスのように無臭で強い毒を持つガスもある。うっかり知らずに近づいたら、命を落とす危険があるのだ。

アバチンスカヤ火山で九死に一生を得てから2年後、私はロシア科学アカデミーと合同調査団を結成し、今度は半島北部の活火山、トルバチク火山の調査を行った。14年前の噴火によって流れた溶岩流と火山洞窟の調査が目的だった。

ベースキャンプから毎日、片道3時間、ゴツゴツした溶岩流の上を歩きつづけた。噴火以来、この土地を歩くのは私たちが初めてで道などない。コンパスも狂うので、遠くの丘を目標に定めて歩かなければならな

アバチンスカヤ火山登頂に向けて雪渓を歩く

い。調査の帰りは深夜にもおよび、星灯りだけを頼りに幽霊のように疲れ切って歩いていると、いきなり腰まである天然の落とし穴にズボッとはまり込むこともあった。

この調査で私は5本の洞窟を発見し、仲間の手を借りながらすべて自分で測量したのだが、中には腰をかがめて前進中に、ヒグマの新しい糞を発見した洞窟もあった。髪の毛を逆立てて大あわてで退却した。

火山に限らず、美しい自然の裏には、恐ろしい危険も潜んでいる。災害から身を守るには、まず危険に近づかないことだ。しかし研究や強烈な冒険心は危険をも踏み越えてしまう。この場合、自分の身を守る知恵と技術があれば、危険は減じていく。自分の命は自分を知ることでしか守りきれない。

01

自分の行動は自分で決める

周囲の状況を見て、自分の判断で動く

◆防災と減災――災害を〝防ぐ〟から〝減らす〟へ

災害を未然に防ぐことを防災という。それに対して、最近は減災という言葉もよく使われる。自然現象によって人間が受ける被害を災害と呼ぶわけだが、残念ながら私たちは自然現象を止めることはできない。そこで、発生時の被害をできるだけ小さくしようという考え方が減災だ。内閣や行政機関などでも、長年使ってきた防災という言葉を引き続き使ってはいるが、その意味あいはずいぶん変わり、災害を減らす対策にも力を入れ始めている。

私は長年、体験的な活動を通して環境教育を全国に広める活動に関わってきた。環境教育というのは、環境問題を解決するために進められてきた制度や技術革新などを広く普及し、人々の意識を高め理解を深める役割を担っている。防災もそれと同じで、災害を防ぐ制度と技術革新による取り組み、そして、それを普及する防災教育の3本柱で進められている。たとえば、耐震や防火基準の法整備などの制度によって防災を進めていく一方で、建物自体の

耐震や防火、通信網や交通システム、災害シミュレーションなどの技術革新も非常に大切だ。そして、避難訓練や消火訓練などを含めた防災教育による防災・減災も欠かすことはできない。

国が具体的に実施している防災や減災の取り組みとしては、都市や住居の耐震化、送電・通信・上下水・ガス・医療などライフラインの整備、堤防や防災タワーなど防災インフラの整備、自主防災の強化とネットワーク化、各自治体による災害ボランティアコーディネーターの養成などが挙げられる。

しかし、今回の大震災でも分かるように、そうした取り組みだけで災害に対処することはできないというのが現実だ。防災計画を立てるのは簡単だが、それをどのように全国の現場に波及させ、計画通りに進めていくかという具体策ができていないのだ。国の防災白書には、さまざまな取り組みや対策の細かなことまでぎっしり書かれているし、それを基に都道府県でも対応をすることになっているのだが、現場が追いついていない。

果たして、災害時に私たちの命は本当に助けてもらえるのだろうか。残念ながら、「計画は作ったので、あとは現場で、自分で何とかしてください」というのが現状だろう。では、いざというとき、国や自治体に頼ることができないとしたら、私たちは何をすべきなのだろうか。

中央防災会議では、「減災の国民運動」として次のような文言を謳っている。

①防災減災活動へのより広い層の参加
②正しい知識を魅力的な形でわかりやすく提供
③企業や家庭等における安全への投資の促進
④より幅広い連携の促進
⑤国民一人一人、各界各層における具体的行動の継続的な実践

今ひとつ言葉が心に入ってこないと思うのは、私だけではないだろう。

◆防災訓練の抱える問題——予定調和のセレモニーと、高齢化による人手不足

皆さんも、学校や職場で1度くらいは防災訓練をやったことがあるはずだ。そして、防災や災害に絡んだ記念日は、ちょっと調べただけでもズラズラと出てくる。「防災の日」は9月1日。これは、関東大震災で10万5000人が亡くなった日だ。阪神・淡路大震災のあった1月17日は「防災とボランティアの日」になっている。

しかし、記念日行事はどうしてもセレモニーになってしまう。訓練するといっても、あら

かじめ準備された通りに動く予定調和の内容で、緊張感も何もない。参加した住民には「どうもありがとうございました」と缶ビールやジュースが配られ、終わったら宴会が待っている。天気のよい日は芋煮が出たりして、避難マニュアルや緊急連絡先のリストの確認をして終わってしまう。災害が起きたら、緊急連絡をしようにも通信網自体が途絶えてしまうなんて、誰も考えていないのだ。

東日本大震災の起きた2011年は、「想定外」が流行語大賞になるかと思うほど、すべてが想定外だったのは皆さんもご存じの通りだ。もちろん、都道府県の防災局が対策をしていなかったわけではない。通信網の途絶も想定して、安全管理やテレビ電話会議のシステムを設置していた。ところが、このシステムを操作できる担当者がきちんと確保されていないのだ。実際、今回の震災でも担当者がその場にいなかったためにシステムが役に立たなかったという事態があちこちで起きた。町の自主防災組織の消火器なども、オイルを入れっぱなしにしておくと作動しなくなる。だから、不慣れな人が当番になってしまうとポンプが壊れてしまったり、電池が切れたまま整備されていないなどという話になる。東京電力の原発事故でさえ、まさに同じようなことが起きた。

高齢化によって、地域の自主防災組織のマンパワーも不足している。自主防災組織とは、消防法などによって定義される消防団や水防団といった公共機関を除く、町内会や自治会などによる任意団体だ。しかし、若い人は仕事や子育てで忙しく、活動に無関心で防災組織や活動に不慣れな人が多い。活動メニュー自体もマンネリ化して人々の関心が薄れ、予算がないから機材も古いままだ。さらに、会社や工場、学校が多い地区では昼間人口を構成する学生や会社員が地域の自主防災活動に参加することは難しく、住民や地域とのネットワーク化が課題となっている。

自主防災組織に期待される活動としては、防災知識の普及、地域の災害危険箇所の把握、防災訓練の実施、災害情報の収集、住民への迅速な情報伝達、避難誘導、救出救護などが挙げられているが、専門家でもない町内会の方にすべてを任せるのは非常に難しい。結果的に、自分たちでできる簡単な消火訓練や消火器の買い替えだけで、活動予算を消化して終わってしまうのだ。

◆「むやみに動くな」は正しいか?——大切なのは「正しく動く」こと

災害時には「むやみに移動を開始しない」というのが国の方針だ。公共交通でも同様に災害時の統一した標語にしているが、これは正しいことなのだろうか。

内閣府中央防災会議では、「首都直下地震発生後は、都心部や火災延焼部で道路が満員電車状態(1平方メートルあたり6人以上の密度)になり、全域で約200万人が、その中に3時間以上巻き込まれる状態になる」から、人々が表に出てこないようにすべきだというのだ。しかし、延焼部にいる人はどうするのだろう。確かに、人の制止も聞かずにむりやり移動したら迷惑になるし、ほかの人を危険に巻き込むかもしれない。被災した人たちがその場に留まってくれれば、とりあえず混乱は起きないし管理もしやすいだろう。しかし、統一された標語によってその人たちの身の安全は二の次になっているのではないだろうか。

過去の災害におけるおびただしい事例がひとつの方向を指している。それは、動かなかった人が亡くなっているという事実だ。動かないことは、必ずしも正しい選択ではない。大事なことは「むやみに動くな」ということより「正しく動く」ことなのだ。アメリカ同時多発テロでは貿易センタービルで2600人もの方々が亡くなった。あの渦中で生死を分けたのは非常にシンプルなことで、自分の判断で動いた人はほとんど助かったということだ。当時、ニューヨーク市警や消防署には動揺した市民からの電話が殺到したため、彼らは「とりあえず動かないでください」と回答し、それを真に受けて動かなかった人たちが亡くなってしまった。

地震のあとは街を火災が襲う。鉄筋のビルの中にいても火が来れば焼け死ぬ。地面の液状化や地割れも起きる。浸水の危険もある。大切なことは、自分のいる場所がどの程度、安全な場所なのか見極めるための情報を得ることだ。その上で本当に危険がなければ、次の判断ができるまで、その場で待機することもあり得るかもしれない。情報を得るためには部屋の中でテレビやインターネットを検索するのではなく、周囲の人や外の様子を見て状況を確認することが大切だ。その上で、逃げられると思えば動き出した方がいい。

02 パニックに左右されない
冷静で適切な情報伝達が不安を消す

◆自然の中で学ぶパニック回避術——真っ暗な洞窟でパニック心理を体験

東日本大震災によって、災害に見舞われた人々の多くは即座に行動を起こせないということがはっきりした。そして、人々に危険情報を伝えたらパニックになるといわれていたにも関わらず、多くの場所でパニックは起きなかった。パニックの引き金を引くのは災害の情報ではなく、不安から来る大声や悲鳴、罵声である。そうした態度を落ち着いてたしなめ、抑制することは、パニックを抑えるために非常に効果がある。

私は20年前に「パニックゲーム」という自然体験プログラムを考案して、富士山の洞窟を使って何度も行ってきた。まず、洞窟探検のプログラムに申し込んできた親子や学校関係者たちを20人くらいで1チームにまとめて洞窟に入っていく。観光洞窟ではなく自然のままの真っ暗な洞窟だが、事前にその洞窟の詳しい情報を伝えることは一切しない。全員、懐中電灯を持って狭い入り口から四つんばいになって入っていく。

手探りをしながら進んでいくと、やがて広いホールに出る。ホールから先は曲がっていて見通しがきかない。そこに参加者を集めてこう言う。「皆さんには、ここから先を探検してもらいます。まず、懐中電灯を消して足下に置いてください」。スタッフが各所でライトを照らしているので、みんな安心して灯りを消す。スタッフは参加者が置いた懐中電灯を手際よくカゴに回収してこう言う。「左右両隣の人とお互いに手をつないでください。1匹の虫のように、一番先頭の人の右手は全員の触角で、最後尾の人の左手は行列の尾っぽです。今から全員で手をつないだまま、洞窟をひと回りしてもらいます。もし、手が離れそうになったらストップと声をかけてください。その声を聞いたら全員止まります。手をつなぎ直したらOKと合図します。そうしたら、また動いてください」。その時点ではまだ明るいので、参加者もワクワクしながら話を聞いている。

写真3-1◆「パニックゲーム」。真っ暗な洞窟でパニック心理を体験する

そのとき、スタッフ全員がいきなりライトを消す。参加者は突然の真暗闇に動転して頭が真っ白になる。「ライトを点けてくれ」とか、「いきなり何だ⁉」という声があがっても、スタッフは気配を消して黙っている。不安げだった声は次第に「ふざけるなよ！」と怒号に変わり、女性は泣き出したりする。パニックの第一波が参加者を襲うのだ。そこで誰かが「とにかく進みますから皆さんついて来てください」と落ち着いて声をかけると、怒号や泣き声は一瞬で静まる。場合によっては、この発声は誰かに仕込んでおくこともある。

やがて、少しずつみんなが動き始める。

そのうちに、再び「手がちぎれるー！」「止めて！」といった悲鳴があちこちであがる。

これがパニックの第二波だ。そのときに、「天井が低くなっているから、頭を下げてください」などと冷静な声が聞こえると、再びパニックはすーっと収まる。情報が伝わると落ち着きが戻ってくるのだ。こうしたことを何回も繰り返しながら、洞窟をひと回りして戻ってくる。最後まで、いろいろな声が飛び交っているが、頃合いを見計らってライトを点けると一斉に静かになる。間髪入れずに「皆さん、お疲れさまでした」とスタッフが声をかけると、ようやくホッとした空気が流れてプログラムは終了する。そこで初めて、体験したプログラムの意図を参加者に説明して、もう一度、自分たちが歩いてきた場所を全員で確認する。和やかな空気が流れ、歩きながらみんな笑顔になる。全体で40分くらいのプログラムだ。

パニックゲームは、未知の状態に直面したときに人間はどのような気持ちになるのかを体験するのが目的だ。滅多に遭遇することのないパニックという事態を、危険を冒すことなく知ることができる。もし、これを1万人でやったら死者が出るだろう。しかし、十数名のチームなら、誰もけがをすることなく進行できる。

このプログラムを体験すると、未知の状態に直面したときに正確な情報が伝わること、冷静な声が聞こえることが、いかに大事であるかがよく分かる。そして、真っ暗な中でも避難する道を分かりやすく伝え、落ち着いて協力しあえば無事に脱出することができると実感できるはずだ。公共の場で災害に見舞われたときも、従業員などが落ち着いて的確に人々を避難誘導することによって、多くの人が助かっている。集団の中に1人でも適切な指示を出せる人がいれば、破滅の道から逃れられる。今、この本を読んでいる皆さんには、ぜひその1人になっていただきたい。

情報を伝える際に大切なことは、最新の適切な情報を、分かりやすく繰り返し流すことだ。混乱している人々の頭からは最初に言った情報などすぐに消えてしまう。だから常に繰り返すことが必要だ。

それから、情報はできるだけ具体的に分かりやすく言わなければ意味がない。これは、自然体験活動を行う指導者の方に必ず言うことなのだが、子どもたちに山道を歩かせるような場合、「そこは危ないから気をつけろ！」というだけでは、まったく意味がない。こういうときは、「両手で岩場につかまって、左足からゆっくりと下に降ろして」というような具体的な指示が大切で、いくら大声で危ないと叫んでも危険を回避することはできないのだ。

03 今すぐできる減災の工夫

災害が来る前にやっておこう

◆私が薦める6つの工夫

たいていの人は、「災害が来たら来たときだ」と言う。決して、諦めているわけでも投げやりになっているわけでもない。命が助かるにはどうしたらいいのか、具体的な方法についての情報がないから、そう言うのだ。

内閣府は減災のひとつの手引きとして、次のような項目を挙げている。①自助、共助、②地域の危険を知る、③地震に強い家、④家具の固定、⑤日ごろからの備え、⑥家族で防災会議、⑦地域とのつながり、の7つだ。これらは、もちろん大事なことばかりだが、もう少し具体的に見てみよう。

私が薦める減災の工夫は次の6つだ。

❶住まいの耐震化・耐震補強と、家具の固定

まず、わが家の中に安全地帯を作ろう。いくら防災のためとはいっても、何千万円もかけて家を建て替えるのは容易ではない。そこで、いろいろな耐震シェルターが考案されている。じつは、私も簡単な耐震シェルターを考えているのだが、命を守るならとりあえず自分のいる場所さえ潰れなければいいわけだ。市販されているシェルターの多くは四角い頑丈な箱型で部屋の一部を区切るような大がかりなものだが、私が考えたのはシンプルな三角形のシェルターで、ツェルトテントのような感じだ。これなら数万円で作れる［図表3-1］。

三角形は力学的に非常に強い。三角形を組み合わせた形はトラス構造と呼ばれて建築でもよく使われている。寝床を覆うように据えつけるので、雨の日は洗濯物でも干しておけばいい。複雑なものではないから近所の大工さんに頼んで作ってもらってもいいし、器用な人は自作してみてはどうだろう。専用の接合板がホームセンターで売っているので、それを買ってきて筋交いを入れ、ボルトを打ち込むだけで完成だ。建材や住宅のメーカーで提案しているものより一ケタ安くできるはずだ。

そして、もっと手軽にできるのが住まいの耐震化・揺れ対策だ。自宅の耐震補強や家具の固定をしていない人は今すぐにやってほしい。ホームセンターに行けば、いろいろな家具固定器具が売られているし、家具の配置を見直すだけでも危険は低減できる。

図表3-1◆シンプルな耐震シェルターの例

材料
- 180×90cm×18mmコンパネ
- 9×9cm角　柱材
- 9×3cm角　デッキ材
- 3mm鉄板切り抜き金型

■1帖　直方体モデル 90×180cm

床面
コンパネ1枚

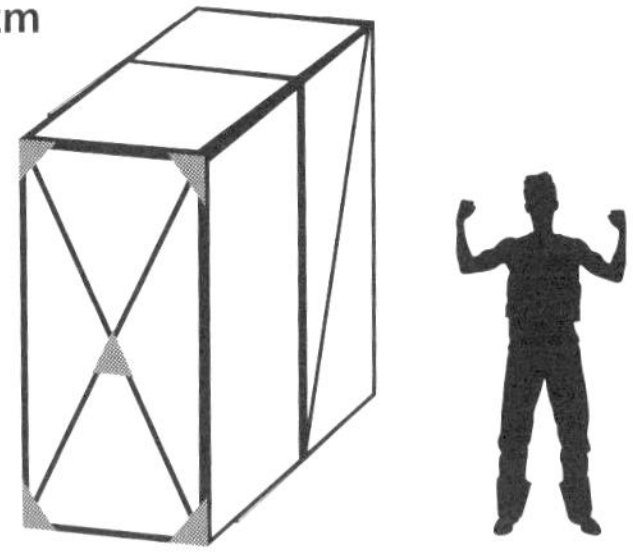

■2帖　立方体モデル 180×180cm

床面
コンパネ2枚

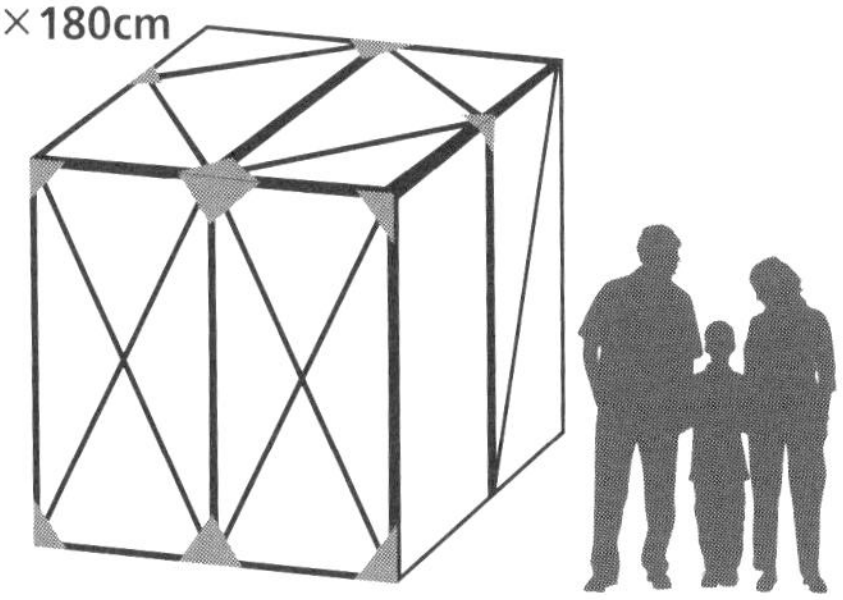

■1.5帖　三角屋根タイプ 120×180cm

床面
コンパネ1.5枚

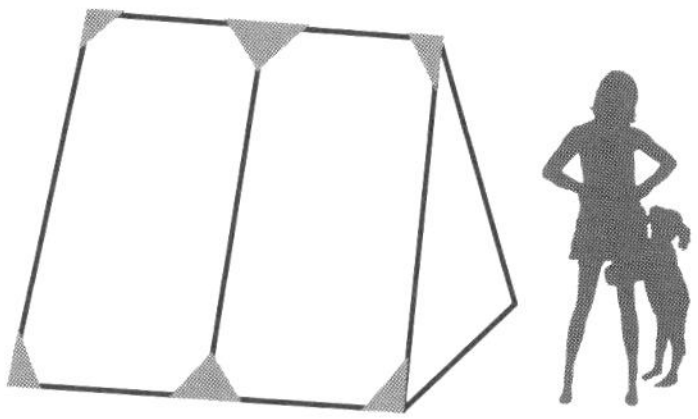

建物の耐震補強も検査だけなら3万円程度でできる。とりあえず検査だけでも受けてみてはどうだろう。役場の窓口に行けば業者についても相談にのってくれるはずだ。実際に補強工事を行う場合も、部分的な耐震補強工事なら100万円前後でできる場合も多いし、補助金を出している自治体もあるようだ。いい加減な工事で高い費用を請求する悪質な業者もいるので、やはり、事前に役場に相談してみるといいだろう。

❷家の中にもヘルメット

災害時には頭を守ることが何よりも大切だ。枕元には常にヘルメットを用意しておこう。ヘルメットが無理なら大きめの枕でもいい。まず、頭を守ること。そして、枕元には歩きやすい靴も1足、置いておこう。震災後は床に割れたガラスや食器が散乱する。素足のままでは、玄関に靴を取りに行くことさえできないし、万一、ガラスで足を切ったら、それこそ避難自体が困難になる。枕元に靴さえあれば、何があってもすぐに避難できる。

❸通勤・通学路や職場の危険を知る

普段、なにげなく歩いている道にも、たくさんの危険が隠れている。まず、電柱はほとんど倒れる。東日本大震災では津波の影響もあったが、阪神・淡路大震災でも家と一緒に電柱が倒れているところが数多く見られた。震災直後は電線に触ると非常に危険だ。また、家は倒壊していなくても塀は至るところで倒れていた。ブロック塀、石塀、とくに東北では大谷石の石塀がみんな倒れた。塀の下敷きになったら助からないし、足を痛めたら逃げられなくなる。塀には絶対に近づかないことだ。また、頭の上からは瓦やガラスが落ちてくる。上を見ながら歩くことも習慣にしておこう。

❹家族、身近な友人との緊急時の備え

災害直後は電話や携帯もダウンしてしまう。だから、家族や友人とは、いざというときにも連絡が取れるように、落ち合う場所を前もって決めておこう。また、通信回線のパンクを避けるためにもNTTの「災害用伝言ダイヤル171」や携帯電話の災害用伝言サービスの使い方を確認しておくことだ。このサービスは、固定電話、携帯電話、インターネットで利用できる。さらに、混みあった回線を回避するためには、日ごろから遠方に住む親戚や友人に、緊急時の家族との連絡の中継を頼んでおくといいだろう。被災地への電話は集中するが、それ以外の地域への発信なら回線がパンクする可能性も低いからだ。

❺ご近所といい関係を

少なくとも挨拶だけでもして、ご近所との関係を作っておこう。何かあったときに、助け合える関係を築いておくことだ。私は若いころ、海外の国々で仕事や旅をしてきたが、見ず知らずの人でもニコっと笑って挨拶するだけで対応がまったく変わることを、身をもって体験してきた。だから、東日本大震災でも「笑顔と挨拶」を活動の標語にしていた。笑顔は人

の心を開いてくれる。また、被災したときにも、普段、挨拶を交わしていた人の安否は気になるものだ。マンションなどの集合住宅では近所づきあいも難しくなっているが、防災のためにもそうした機会を作る努力をしてほしい。

❻非常持ち出しと備蓄を開始する

緊急時のための備蓄はしているだろうか？　まだなら、すぐに準備しよう。手に持ってパッと飛び出せるように、貴重品は最小限にしてまとめておく。細かなものは落ち着いてから取りに戻ればいい。そして、水と食料は1週間分。これも、あとから取りに帰れるように家に備蓄しておく。最低限の目安としては、混乱の半日をしのぐことを考えて500ミリリットルのペットボトル1本を携帯し、備蓄として1人あたり20リットルタンクを1つ用意しておけば何とかなるだろう。よくある灯油用の赤いポリタンクと同じ大きさだ。

◆自分自身のライフラインを確保する――家族構成や健康、住まいに応じた備えを

非常持ち出しと備蓄を始めるにあたっては、まず自分自身のライフラインを考えてみる。ライフラインとは、生活の生命線となるものだ。交通や情報、エネルギーなどさまざまな公的ライフライン以外に、自分や家族にとって必要なライフラインもリストアップしておきたい。

たとえば母親なら赤ちゃんのミルクやおむつかもしれないし、持病があるなら薬も必要だ。アレルギー用の食品や薬、眼鏡や補聴器がないと困る人もいるだろう。それらをどうやって確保するかも考えておく。自分のライフラインは自分で確保しなくてはいけない。通常、電気の復旧には1週間、水道は1カ月、都市ガスは3カ月かかるといわれている。自宅が倒壊しなかったとしても、水や電気やガスは何とかしなければならない。カセットコンロや電池、暖房には湯たんぽがあれば何とかなるだろう。車を使うならガソリンも必要だ。

ちなみに、大地震が起きたらビルの1階に設置した駐車場は、ほとんど例外なく潰れて車が出せなくなる。阪神・淡路大震災では多くのマンションが潰れた。なかでも最も多かった事例は、木造2階建ての1階部分が潰れて、その上に一見何事もなかったかのように2階が載っかっている状態だ［**写真3-2**］。建物の倒壊率が高かった東灘地区で活動していたときに、よく見かけたのは、1階がテナントで2階から上が住宅になっている鉄筋コンクリートのビルの1階部分が潰れているケース。それから、ワンフロアのオフィス・スペースやレストランのように、柱や壁が少ない部分もみんな潰れた。だから、マンションに住むならできるだけ上の階、木造アパートの1階もできる限り避けたい。住まいを簡単に変えることは難しいが、1階の死亡率は非常に高いということは覚えておいてほしい。

写真3-2◆木造2階建ては1階が潰れることが多い（阪神・淡路大震災）

◈自助、共助、公助――阪神・淡路大震災の被災者の8割は隣人が救出

阪神・淡路大震災のときに警察や消防、自衛隊に救出された人は約8000人。ところが、隣人やその場に居合わせた人に助けられた人は約2万7000人もいる。公的な救助隊が自分のところにすぐ来るとは限らない。しかし、見ず知らずの人たちの助け合いによって多くの命が救われているのだ。

自助というのは自分自身を助けること。サバイバルということだ。そのためには、災害に関する正確な知識と、避難法や救急法の知識や技術を持つことが大切だ。非常時の避難路の確認も自助の基本だ。ビル内や街中で避難路が分からなかったために命を落とした事例は数多くある。知らない場所、乗り物に乗ったときなど、非常口の確認は習慣にしておこう。

共助は、隣人や居合わせた人同士の助け合いだ。共助をうまく機能させるには、地域や学校、職場など、組織との関係を持つことだ。そして、自主防災活動や地域行事に参加することが、いざというときに役に立つ。たとえ訓練であっても、防災活動の経験があるかないかの差は大きい。そして、地区内の災害時の体制を整えることも大事だ。東京都では「防災隣組」という取り組みがあるが、私は全国に防災の地域協議会ができればいいと思っている。行政と地域内の事業所、学校、病院、町内会などが集まって情報交換できる場を作るのだ。

リスクコミュニケーションのひとつともなるだろう。

そして公助。これは今のところ行政用語に近いが、自衛隊や消防、警察といった公的機関による救助のことだ。プロフェッショナルによる救助は何とも頼もしいが、残念ながら広域的な災害では最短でも3日、長いときには10日経っても来てもらえないことがある。大規模避難所でなければなおさらだ。3日も待てば消防隊員が食料を持って来てくれると思ったら大間違いだ。

◆お年寄りや子ども、障がいを持つ人のことも忘れずに

最後に、災害時に生き残るということについてお話ししておこう。これまで、災害を乗り越えるための準備や心構えを紹介してきたが、避けようのない要因が生死を分けることもある。

2004年に起きたスマトラ島沖地震の津波では、女性の死者が男性の3倍もあったという報告もある。女性に泳げない人が多かったことが原因だと見られている。また、アメリカ同時多発テロでも、女性のけが人は男性の2倍もいた。これは、ハイヒールを履いていたためではないかという。現場には、履き捨てられたおびただしい数のハイヒールが残されていたそうだ。一方、火事やハリケーンに見舞われた場合は、男性の方が女性の2倍も亡くなっ

ている。これは、男性が危険な場所を守り、女性や高齢者を先に逃がしたためだと考えられる。

阪神・淡路大震災では死者の半分が高齢者だった。被害は必ず弱者に集中する。アメリカでは災害時の火災による死者の25%がアフリカ系アメリカ人で、人口比の2倍もある。これは貧困による住宅事情の違いが現れているのだろう。同じような理由で、途上国で起きる災害の規模は先進国とは桁違いに大きい。非常に理不尽だが、災害は生活水準によって極めて不公平な結果をもたらすということだ。

しかし、トレーニングや知識によって災害を乗り越える術は、弱者にも平等に手に入る。住まいや収入に関係なく、誰もが助かる方法だ。ちなみに、自己肯定力の強い人は災害に強く、危険に対しての立ち直りや行動力に優れているといわれる。メンタル・トレーニングも災害に役立つかもしれない。

本書に書かれた災害に役立つ方法や知識に、難しいものはひとつもないはずだ。ぜひ、読むだけではなく実践できるように身につけてほしい。

◆知っておこう

もしライフラインが断たれたら？これだけは備蓄しておこう

❶水、食料。1週間分の備蓄が欲しい。
❷充電式ラジオ。手で回して充電できるものがベスト。
❸電池。身の回りの電気製品は単三電池のものに統一しておくといい。海外の研究者と火山洞窟探検などに行くと、彼らも電池は全部1つのサイズに統一している。電気器具同士で電池が融通できるし、備蓄する電池も1つのサイズで済む。
❹懐中電灯
❺簡易コンロ。都市ガスは3カ月は使えなくなる。
❻車があるならガソリン。とりあえず300キロメートル走れるだけのガソリンを。
❼簡易トイレ。建物の倒壊とは関係なくマンションやアパートは水が出なくなる。トイレも1回目は使えても2回目から使えなくなる。3、40回分のセットが3000円くらいで買える。

❽ライター、消毒薬、トイレットペーパー、医薬品、ろうそく、マスク
❾ゴミ袋。ゴミを捨てるだけでなく、いろいろと役に立つので多めにあるとよい。
❿あめ、菓子類、調味料
⓫カッター
⓬ラップ、アルミホイル。ラップがあれば汚れた手で食べ物を扱わなくて済む。災害時、水は貴重品だし、衛生面でも安心だ。アルミホイルがあればお湯も沸かせる。

⓭ガムテープ、新聞紙、段ボール。寒い日には新聞紙や段ボールを体に巻きつけ、ガムテープで留めておくだけで立派な防寒着となる。

⓮細紐、ブルーシート。断熱シートがあれば、さらにいい。

⓯生理用品、紙おむつ、哺乳瓶。歩けるお年寄りでも被災すると歩けなくなることが多い。70歳以上の高齢者がいるお宅は紙おむつが必需品。

第II部

災害から生き残るために

第4章

おぼえておこう 生き残るための知識と行動

01 災害が来た！ 尊い命を助けるために

命が助かるためには、まず災害を他人事ではなく〝自分ごと〟にすることが大切だ。緊急避難は教養ではない。ぐらりと地面が揺れて災害が発生したとき、避難所まで緊急避難するとき、避難所での被災生活など、それぞれの場面を自分で具体的にシミュレーションしておくことが、あとで本当に役に立つ。この章では、もし災害が起きたら、どういう行動をとったらよいか、私の体験や知識に基づいてなるべく具体的に書き出してみた。もし、これが大学の授業なら、実際にそれをシミュレーションしてレポートを提出してもらうところだが、皆さんも、ぜひ、そのつもりで紙に書いたり、実際にやってみたりして自分の体に記憶させてほしい。

リスクマネジメントの大原則

災害が起きたら

すぐに自分のスイッチを入れ、とにかく逃げることだ。危険から遠ざかるのが最も確実で安全な行動だ。津波災害の教訓として、岩手県の「津波てんでんこ」という言葉がずいぶん使われたが、人に遠慮せず、てんでんバラバラに逃げるのが防災の行動原則だ。「たいしたことないだろう」「もう少し、様子を見よう」といった、行動を遅らせる理由は全部捨てる。みんなで声を掛け合って、一刻も早く逃げ出そう。

目の前で助けを求めている人を見てしまったら

「助けてあげなくては」と思うのは当然だ。しかし、遭難記録で極めて多いのが、救出行動に出た人の2次遭難なのだ。国際救急医学連盟（IFEM）でも、「まずは自分の身の安全を確保しなさい」と明言し、「遭難者を救出するのが困難だと思ったら、その選択は決して非難されるものではない」と宣言している。非常に難しい判断だが、その場の状況をよく見て冷静に考えて臨機応変に対応してほしい。

自分が助かったら

「大丈夫ですか」と大きな声でまわりに声をかけよう。自分の無事を知らせると同時に、こんどこそ身近な人を助けよう。災害時、人の命が持ちこたえるのは72時間だといわれているが、実際に重い物の下敷きになったら3時間が限界だ。これは阪神・淡路大震災のときの経験からきたものだ。地震が来たら、まず自分の命を守る。そして揺れが収まったら、3時間以内に1人でも多くの人の命を助けることを考えて行動してほしい。

02 助かるためにできること

建物の中で災害に遭遇したら

もし、震度6強の地震が来たら建物はどうなるだろう。阪神・淡路大震災では、亡くなった方の88％が家屋の倒壊による圧死だった。

現在、首都直下地震は最大震度である震度7が想定されているが、それで考えると、戦前から戦後まもない時代に建てられた木造建築のほとんどは潰れてしまう。築30年以上の木造建築物も65%〜95%が倒壊する。1981年以降に新たな耐震基準によって建てられた耐震化住宅でさえ最大で55%は倒壊してしまう。基本的に家は潰れると考えて行動するしかないようだ［図表4-1］。

廊下やベランダなど逃げ道を確保

では、地震発生時に家の中にいたらどうすればいいのか。

まず、自宅周辺の避難路や非常口を必ず確認しておくことが大切だ。集合住宅では、ベランダや廊下は非常用通路として使うことが前提になっている。ふだんか

図表4-1◆木造建物の全壊率テーブル

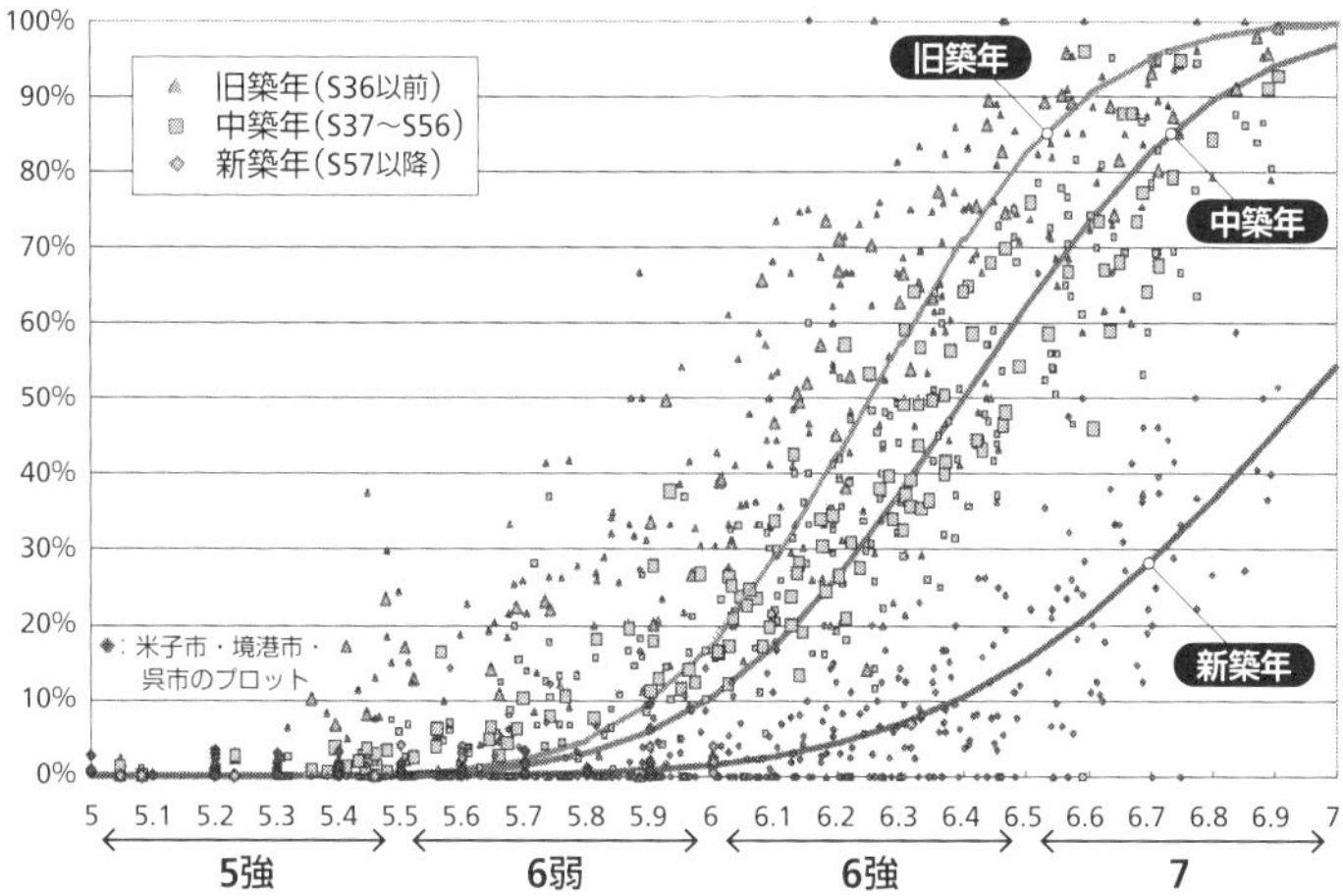

前提：建物が全壊するときの震度が正規分布に従うと仮定（全壊率テーブルに正規分布の累積確率密度関数を使用）。
使用データ：阪神・淡路大震災における西宮市、鳥取県西部地震における米子市・境港市、芸予地震における呉市のプロットデータをもとに設定

出典：平成22年度版防災白書

ら、荷物を置かないようにしておこう。

トイレや玄関をシェルター代わりに

阪神・淡路大震災では、亡くなった方の大半が家具の下敷きになっている。額縁や照明器具に頭を直撃されて亡くなった方も多い。耐震シェルターがあればいちばんだが、トイレや玄関のように柱の多い場所は比較的安全だ。いざというときには、そこへ逃げ込み、本震が収まって次の余震が来る前に外に出よう。

ガスの火は自動で消える。とにかく外へ

木造家屋は建物がゆっさゆっさ揺れてもすぐには潰れない。倒壊するまでの何秒かの間に、這ってでも外に出ることだ。ちなみに、昔から「地震が来たら火を消せ」といわれてきたが、最近のガス機器は、非常時には自動で火が消えるようになっている。火を消すよりも自分の身を守ることが先決だ。

頭を守り、塀から離れる

外に出たら上から物が降ってくる。カバンでも座布団でもバケツでもいい、何か頭を守る

物を持って出よう。いきなり車道に出たら危険だが、狭い歩道も塀や自動販売機が倒れてくる。できる限り建物から離れて、揺れが収まるのを待つ。

助けを呼ぶ笛を携帯しよう

万が一、家具の下敷きになって動けない場合は、笛が非常に有効だ。自分で動けなくても助けを呼ぶことができる。100円くらいで購入できるので肌身離さず携帯しよう。

もし、通勤や通学の途中だったら

通い慣れた通学路や通勤路も、ふだんは時間に追われていて意外とよく見ていないのではないだろうか。ターミナル駅や地下道などで災害にあったらどんな危険が考えられるか、どこへ逃げればよいのか、あらためて時間をとって実際に調べておけば安心だ。

駅や学校、職場の非常口の確認を

通勤や通学に公共交通を使っているなら、よく使う駅の非常口をチェックしておくこと。知っているか知らないかで、生死を分けることになるかもしれない。職場や学校でも同様に、ふだんから非常口や階段の確認をしておこう。

キャスター付きの家具は凶器

キャスターの付いた可動式の棚は非常に危険だ。まるで人間を襲うロボットのようなもので、揺れとともにものすごい勢いで飛んでくる。大型コピー機やグランドピアノも凶器に変わる。できるだけキャスターは外すか、固定をしておこう。

高層ビルでは柱につかまり揺れに耐えよう

超高層ビルは非常に長い時間、異常な横揺れに見舞われると予想されている。マグニチュード9だった東日本大震災では、震源から700キロメートル以上離れた大阪市の高層ビルで2メートルを超える横揺れが発生している。都心の超高層ビルも10分以上にわたって大きな横揺れが続いた。窓から離れ、体が放り出されないよう作り付けの建具や柱につかまって地震に耐え、揺れが収まったら冷静に脱出しよう。

路上では狭い歩道が最も危険

建物やブロック塀、自動販売機など倒壊の危険が高いものが多いので、なるべく離れる。

頭上と周囲をよく見て歩こう

歩道にいても、ハンドル制御ができなくなった車が飛び込んでくるかもしれない。周囲をよく見て歩こう。街中や商店街にいたら、地震で揺れてもすぐに外へは飛び出さないこと。頭上からガラスや看板が落ちて来たり、切れた電線が垂れ下がっているかもしれないからだ。まず上や横を見て、落下物や倒壊物の危険がないか常に確認する。

激震は街路樹に抱きついてやり過ごす

路上で最も安全な保身方法は街路樹に抱きつくことだ。これまで私は数多くの震災被災地に入ったが、石塀や建物に木が倒されるケースはあっても、樹木自体が地震で倒れていることは1回もなかった。街路樹の下なら、上から降ってくる物も多少は枝でカバーできる。ただし、都会の歩道に置かれたケースに植えた街路樹や、再開発などで植えたばかりの街路樹は倒れる可能性が高い。

地下道は揺れには強い

揺れの激しいときは、一時的に地下に逃げるのもよい。地上より落下物は少ないし、地下は地震波の伝わり方が弱いからだ。私は洞窟学会に所属しているが、洞窟にいる限り地震は怖くない。ただし、時間が経過したら津波や火災の危険性もあるので長居は禁物だ。状況を見て安全なところに移動する。もし、停電してしまったら落ち着いて壁伝いに歩き、地上への出口を探す。地下街では必ず60メートルおきに非常口が設置されている。

揺れが収まったら広い場所へ

いったん揺れが収まったら、倒れた家の上は逆に安全だ。それも含めて、とにかく広い場所に出ることだ。

海岸、河川沿いでは高所に逃げる

海や川の近くでは津波の心配がある。海が見えないからと安心してはいけない。大きい津波は海から何キロも入った内陸まで水がやってくる。一刻も早く4階以上の高いビルや高台に逃げよう。ちなみに、津波が斜面にぶつかって駆け上がる高さを「遡上高《そじょうこう》」というが、これは津波の高さの4倍にもなるということも覚えておこう。

地面が崩れる場合もある

地面が崩れる場合もあるので、造成地や崖には絶対に近づかない。造成地の場合は液状化

図表4-2◆自治体のハザードマップの例

出典：渋谷区ホームページ

出典：富士吉田市ホームページ

自治体ごとに、さまざまなハザードマップを公開している。自分の地域のマップを確認しておこう。国土交通省ハザードマップポータル http://disapotal.gsi.go.jp/bousaimap/

の恐れもある。

ハザードマップを見ておこう

地震や津波、火災、液状化や土砂崩れなどのハザードマップは、各自治体のホームページなどで公開されている【図表4-2】。自分の住む場所にはどんな危険があるのか、どこまで逃げれば安全なのか。また、そこへ行くまでのルートなどを確認しておくことが、いざというとき、命を守ってくれる。

都市の地震は火災が怖い

都市の地震で最も怖いのは火災だ。中央防災会議のデータによると、東京は環状6号線（山手通り）と環状7号線に挟まれたエリアがほぼ全焼するという。中野、高円寺、阿佐ヶ谷など古くからの市街地や、板橋区や江東区あたりの住宅密集地も危ない。広場や校庭のように比較的広い場所でも、秒速100メートルの火炎旋風に襲われたら太刀打ちできない。まして住宅密集地の公園など、火災時の避難所にはなり得ない。

しかし、もうダメだと諦めるのは早い。ハザードマップには、延焼の危険性が高い地域を

図表4-3◆東京湾北部地震（M7.3）による全壊棟数（揺れ）分布及び焼失棟数分布の想定

①揺れによる全壊棟数の分布（都心部）

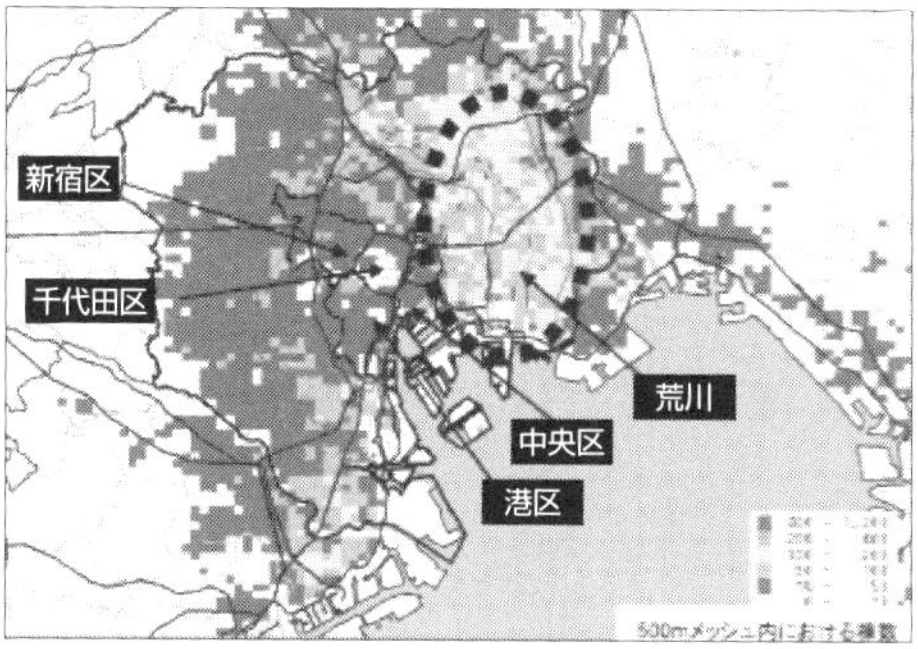

②焼失棟数の分布（都心部）冬夕方18時、風速15m/s

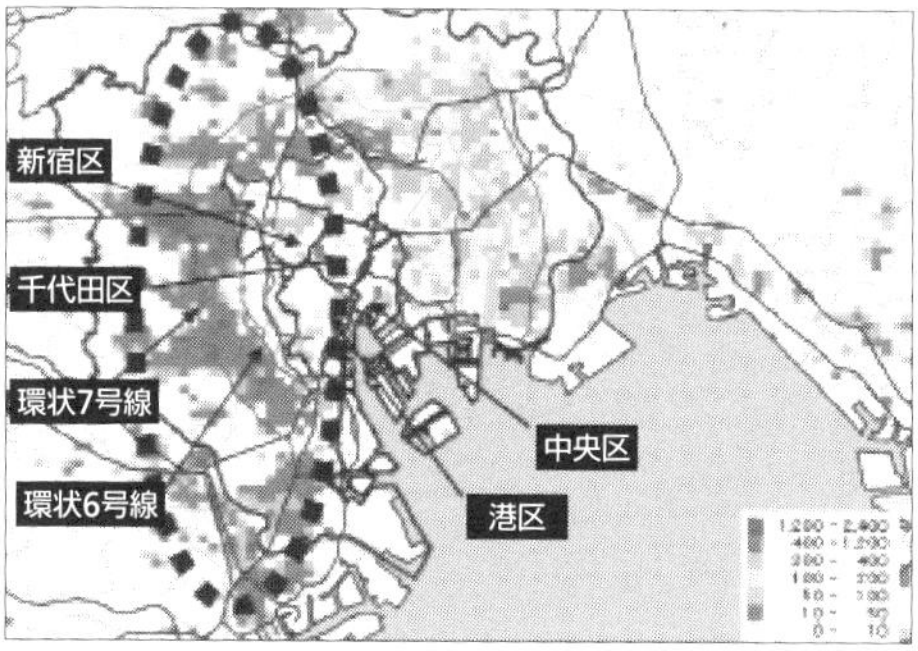

③焼失棟数の分布（都心部）冬夕方18時、風速3m/s

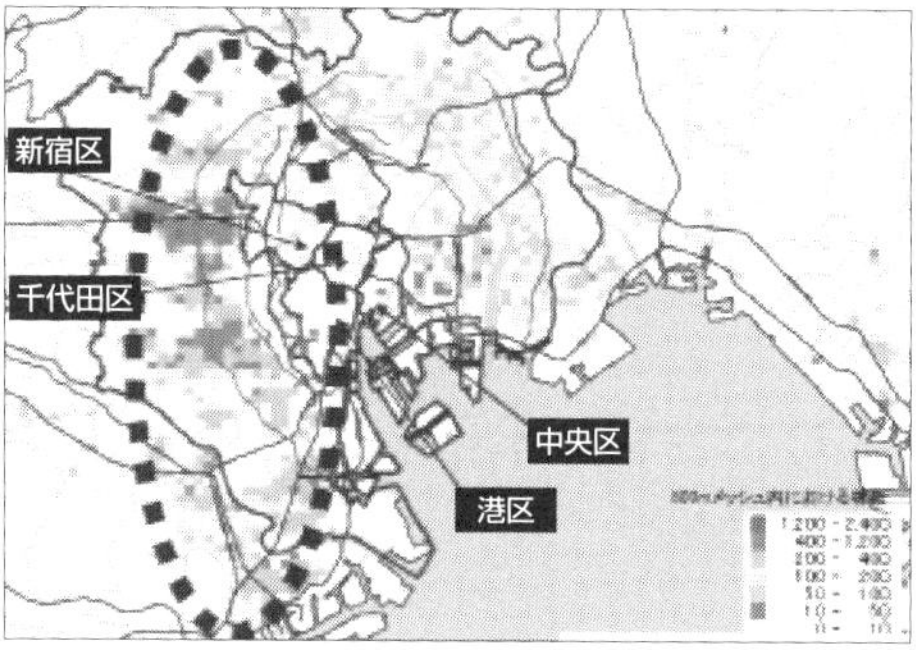

出典：平成19年度防災白書

示すと同時に、火災の起きにくい地域も出ているはずだ［**図表4-3**］。

火災時は風上に逃げろ

火の手に巻き込まれないためには、最新の情報を確認しながら風上を目指して移動する。幅広い道路や川は防火帯になる。

荷物は少なく頭には防災頭巾を

大量の荷物は火が燃え移りやすくなるので危険だ。リュック1つ程度にまとめて、防災頭巾をかぶる。木綿やウールなどの天然繊維が燃えにくい。濡らした木綿のタオルや座布団だけでも効果はある。

燃えやすい化繊に注意

注意したいのは、ダウンやフリースなどの化学繊維は非常に燃えやすいということだ。寒いからとダウンジャケットなどを羽織ったら、あっという間に火だるまになる。信じられないことだが、市販の防災頭巾の中には化繊のものもあるらしい。クッション性の高いキルトの布も、中綿に難燃性の綿ではなく、燃えやすい化繊の綿を使っている場合がある。防寒や落下物対策と混同しているのかもしれないが注意が必要だ。

死の煙を避ける2つの技。ほふく前進とゴミ袋ボンベ

都市火災の場合、さまざまな新建材や人工物から出る煙が非常に危ない。致死性の有毒ガスが出るからだ。こういう場合は、這って逃げる。しゃがむ程度では意味がない。煙は床から10センチ位の高さまでを、あっという間に覆ってしまう。煙が出たら、床から10センチ以下の部分をほふく前進のように這うように進み、地面に口をつけるようにして息を吸う。頭で覚えるのではなく自分で一度やってみてほしい。こんな体の動きをするのかと驚くかもしれない。

また、ふだんの荷物にゴミ袋を1つ入れておけば、いざというとき〝酸素ボンベ〟の役目をしてくれる。煙が来る前にゴミ袋を空気で膨らまし、それを持って逃げるのだ。苦しくなったら袋を口に当て、中の空気を吸う。排気の中にも酸素はかなり残っている。45リットルのゴミ袋なら20回は吸えるはずだ。そして、壁伝いに安全なところまで逃げる。脱出する際にはまわりの人にも声をかけ、協力して逃げれば1人で逃げるよりもはるかに気持ちが楽になる。

乗り物では、乗車位置で安全度も変わる

もし乗り物に乗っているときに地震が来たらどうすればいいか。公共交通の場合は、非常口を確認し、状況や安全を確認してから、いつでも手動で扉を開けられるようにして待機する。車内放送が停電で遮断していたら、できる限り情報を確認して自己判断で危険な場所から脱出する。

車で移動していたら

シートベルトの着用は大前提だが、とくに後部座席の真ん中は安全度が高い。原則として、追突や落下物に注意してすみやかに左路肩に車を停め、車を離れる。しかし、津波や崖崩れが想定されるエリアにおいて、走って避難することが困難な場合、車が身近にあるなら、それを使って早急にその場所から脱出することもためらうべきではない。

電車は中ほどの車両に乗る

電車の場合は先頭車両が危険だ。衝突の際の大きな衝撃を吸収するのは、前から3両目までといわれている。真ん中あたりの車両に乗るように習慣づけておこう。何かに激突する可

能性が高いので、バーや吊革につかまるなど衝撃をカバーできる態勢をとる。座席の両側にある金属の手すり棒で体や頭を打って大怪我をすることも多いので、手すり棒からは離れるか、逆にしっかりと抱きつくように持つ。

電車が停車したら非常コックを開けて逃げ道を確保しよう。マニュアルでは「むやみに線路に下りないでください」「非常用コック等に手をかけないでください」と放送することになっているが、まず逃げ道を確保して、線路に降りるかどうかは状況を見極めて判断する。これは、中央防災会議や政府の提唱とは相反するが、状況によっては車両からすぐに離れた方がいい場合もある。非常時はマニュアルとは異なる状況が発生する。常にまわりを見て自分で状況判断できるようにしておこう。なお、地下鉄の場合は、線路脇に高圧電線が設置されている場合もあるので注意が必要だ。

飛行機は翼の付け根の席に

飛行機の場合は後部座席、あるいは翼の付け根など構造的に丈夫なところ、非常口付近の席を選ぶ。飛行機から避難するときには、先頭の搭乗口ではなく非常口を使うからだ。

会社から自宅まで、災害前に一度は歩いてみよう

東日本大震災の経験を踏まえて、帰宅困難者の対策には政府や自治体も力を入れている。事業者にロビーや倉庫などの開放を呼びかけて一時避難所として確保し、そこに3日分の食料や水、毛布などを備蓄する取り組みも始まった。万一のときに備えて、自分の職場やふだんの荷物にも、最低限のライフライン対策を準備しておこう。荷物には、タオルを1本入れておくと、とても役に立つ。化学繊維は燃えやすくて危険なので、必ず木綿のものを選ぼう。これを濡らして顔や体を覆うだけで、火災時の避難はずいぶん違う。

それから、帰宅地図を作ることもおすすめしたい。このときに実際に自分で歩いてみることが大切だ。気づかなかった危険ポイントや、時間や体力がどのくらい必要かも知ることができる。自転車でも構わないからぜひ実行してほしい。参考として東京都の「帰宅困難者の行動心得10か条」を紹介しよう。

帰宅困難者の行動心得10か条（東京都）

①あわてず騒がず、状況確認

②携帯ラジオをポケットに

③作っておこう帰宅地図
④ロッカー開けたらスニーカー（防災グッズ）
⑤机の中にチョコやキャラメル（簡易食料）
⑥事前に家族で話し合い（連絡手段、集合場所）
⑦安否確認、災害用伝言ダイヤルや遠くの親戚
⑧歩いて帰る訓練を
⑨季節に応じた冷暖準備（携帯カイロやタオルなど）
⑩声を掛け合い、助け合おう

03 災害時に平常心を保つために

極度の緊張をやわらげるには

あめ玉を常備しよう

最も簡単な方法はあめ玉をなめること。私は数多くの洞窟調査を行ってきたが、深い真っ暗な穴をロープ1本で降りるのは未だに緊張する。人が結んだロープも信用できず、全部ほどいて自分で結び直すほどだ。そんな張り詰めた気持ちを救ってくれるのがあめ玉だ。口の中で転がすうちに、なぜか気持ちが落ち着いてくる。また、恐怖やストレスに見舞われるとビタミンCを消耗して、体の免疫力が低下することも科学的に証明された。そこで最近、私は、竪穴調査の仲間にはビタミンC入りのあめを常備して、緊張する場面ではみんなに配るようにしている。

体を動かしてリラックス

緊張をほぐすには屈伸運動で体を動かすのもいい。そして、落ち着いて深く深呼吸する。ゆっくりと吸って、ゆっくりと吐き出すことを繰り返すうち次第に落ち着いてくるはずだ。

戦場でも使われる「4カウントメソッド」

ＦＢＩやグリーンベレーなどが戦場のパニック回避に使う戦闘呼吸法もある。戦闘の最前線で大変強いストレスにさらされると、兵士たちは恐怖で体が動かなくなったり、頭が真っ白になって自分が何を言っているか分からなくなったりする。第二次世界大戦の兵士たちの多くが失禁を体験しているというデータもあるそうだが、それくらい極度のパニックに陥るのだ。

そこで取り入れられたのが「4カウントメソッド」と呼ばれる呼吸法だ。わずか数分で驚くような効果を上げるという。やり方は簡単だ。まず、ゆっくり4つ数えながら鼻で深く息を吸い、腹を風船のように膨らませる。ここで息を止めて4つ数え、再びゆっくり4つ数えながら口から息を吐き出し、空気の抜けた風船のように腹をへこませる。息を吐ききったら、また息を止めて4つ数える。これを何度か繰り返すだけだ。

このメソッドは昔からよく知られている方法で、古今東西を問わず極度に緊張を強いられる職場などで実施され、数多くの奇跡を起こしている。一度やり方を覚えたら、自分の体と相談して4カウントを3〜5カウントにするなどの調整をしてもいいだろう。禅の修行で行う瞑想呼吸や出産時に行うラマーズ法も基本的に同じ呼吸方法だ。メソッドの科学的な根拠はまだ解明されていないが、ハーバード大学の医学部の研究では、長年にわたり毎日40分間の黙想をする人はパニックになる感情を抑制する前頭葉皮質が、黙想をしない同年代の人よりも5%厚くなったという結果も出ているという。

第III部

災後社会に私たちができること

第5章

つながろう 災害ボランティア

DOCUMENT

被災者もボランティアも同じひとりの人間として

阪神・淡路大震災発生から半月。発災直後から、仲間と東灘小学校のボランティアセンターで救援作業に尽力していた私は、いったん静岡のホールアース自然学校に戻るために、ふたたび壊れた道を歩き始めていた。復旧して動き始めた阪神電鉄に乗って梅田まで行き、乗換えのため改札を出ると、通路の赤提灯には酔っ払いの若者やオヤジたちが群がってはしゃいでいた。

この光景は辛かった。つい数時間前まで、私は潰れた家を踏み越えながら歩いていた。猛烈な寒さのなか、救援センターの校庭では家の柱や梁材で多くの被災者が焚き火をして暖をとっていた。被災して亡くなった方は、霊安室とは名ばかりのひびの入った教室に寝かされ、生き残った人々も冷たいコンクリートの床に薄い布団やマットを敷きっぱなしにして寒さに耐えていた。あの神戸からたった20キロメートルしか離れていない大阪の繁華街には、まるで何事もなかったかのように酒を飲み談笑する人々が溢れている。私の頭は、あまりの落差に猛烈な混乱を起こしていた。被災したのは〝神戸の人々〟だったのだ。

2004年の中越地震では、それが〝中越地方の人々〟にすり替わった。

しかし、東日本大震災では三陸沿岸500キロメートルにおよぶ広域が被災し、放射能汚染や風評被害、廃棄物問題などさまざまな二次災害もあり、文字通り東日本のほとんどの人が、「自分も被災者だ」と感じることになった。

東日本大震災の被災者救援のために、RQ市民災害救援センターが最初に行ったことは、食料、水、衣料といった救援物資を被災者に届けることだった。目指すところは車がなければたどり着けない場所ばかりで、まずはガソリンの確保が急務だった。そこで、大阪をはじめ西日本の各地から陸送の協力を取り付け、1日25台の車を稼動させるための膨大なガソリンを確保した。

ボランティアたちは雪の残る被災地の壊れた道を乗り越え、孤立した集落をまわり、行政もメディアも手に入れることができなかった被災地情報を集めていった。自分たちも何か手伝いたいと、地元の中学生たちも応援に来てくれた。冷え切った体育館で体に毛布を巻きつけたままミーティングを行い、夜はマイナス10度の寒さのなか、物資と物資の間に

地元中学生もボランティアに駆けつけてくれた。

潜り込むようにして浅い睡眠をとる。こうして集めた情報は、内閣府の現地被災状況のAランク情報にもなった。極めて確実性が高いと評価された結果だ。

津波で74人の児童が尊い命を失った大川小学校に近いＲＱ河北のボランティアセンターでは、泥出しと遺体捜索が最初の仕事だった。被災地の公道をふさぐ瓦礫は自衛隊が重機でどけてくれたが、それ以外の場所では瓦礫野原が延々と地平線まで広がったままだ。最終的には、現地の業者によって被災地全域で片付けが始まったが、漂着物が30メートル近い高さまではりついた山肌がさらされたまま、見渡す限り続いている裏山も少なくなかった。こんな景色は、ただでさえ憔悴しきっている地元の人たちの心を絶望の淵に追い込んでしまう。そこで、ＲＱが先頭になって片付けを始めた。多くのボランティア団体がそれに賛同して手伝ってくれるようになり、少しずつ景色は元の色彩を取り戻していった。

南三陸の歌津に設けたボランティアセンターの作業は、テント村作りから始まった。水や電気が復旧したら活用するようにとアドバイスをしたのだが、現地を担うリーダーたちは、毎日、山の湧き水を汲みに行き、

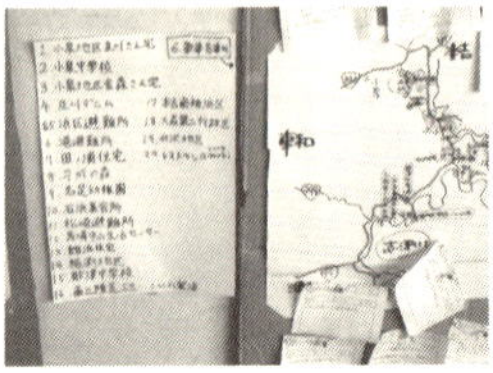

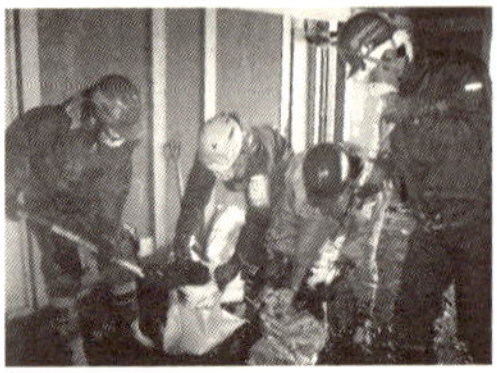

登米のRQ本部のロードマップ（右）
石巻市河北での泥出しボランティア（左）

ランプの明かりを灯して救援活動を続けた。徹底的に余分なエネルギーを使わないと決めたセンター運営は、エコビレッジの取り組みにも通じるユニークなものになった。

津波や震災で壊れなかった家に、いくつもの家族が身を寄せあって避難しているところも多かったが、避難所ではないから救援物資は届かない。道が寸断されて孤立した地域もあった。そういうところを一軒一軒、探し出して届けた食料や支援物資は涙を流して喜ばれた。たくさんの人が、飢餓状態のまま見過ごされていた。

しかし、1、2カ月もすると食料も届くようになる。すると、こんどは逆にボランティアがご馳走になる機会も出てきた。あるとき、支援先で魚の切り身をもらってきたボランティアに「被災地の方から、いただいてしまって良いのでしょうか」と相談をされたが、私は喜んでご馳走になるようにと話した。

被災した人々は、被災した「惨めな自分」を恥じる独特の感性を持っている。今までごく普通の暮らしを営んでいた人たちにとって、いきなり押し寄せてきたボランティアから一方的に施しをもらうばかりの生活

エコビレッジ化でがんばるRQ歌津ボランティアセンター

は、それはそれで辛い毎日なのだ。せめてものお礼にと差し出したあめ玉さえ遠慮されて、心のなかには負い目ばかりが澱のように溜まっていく。

絶望感に襲われるほどの現場の壮絶さは災害の特徴だ。しかし、つい先日までそこに平和な日常があったという落差に気づいてほしい。そこは戦場でも地獄でもなく、自分と同じ、ごく当たり前の人々が当たり前の生活をしていた場所なのだ。被災という不幸を除けば、被災者は私たちと何ひとつ変わらない。何かしてもらったらお礼をしたいし、辛い生活のなかで大声で笑いたいときもあるだろう。

今からでも遅くない。災害ボランティアに参加しよう。被災地を自分の生活や人生に照らし合わせ、お互いに共感し助け合いながら対等な関係を築いていくことが、これからの長期的支援には大切になってくるのだから。

被災者宅に招かれるボランティアたち

01
災害ボランティアとは何か

◆ボランティアとは何か——求められる、緊急性、自発性、専門性

日本では、ボランティアというと「奉仕活動」「無償の行為」というニュアンスが非常に強い。私自身、若いころにカンボジアの難民キャンプでNGOとして活動していたときは、ボランティアを無償奉仕のことだと思っていた。しかし、難民キャンプには多くの国際ボランティアが有償の仕事として活動に携わっていた。これには驚いた。後に、私も政府機関の職員として雇われて活動を続けることになるわけだが、最初はお金をもらうことに強い抵抗感があった。20代の若造が月に70万円も給料をもらえたのだ。しかも、カンボジア国境で活動しているため生活費はほとんどかからず、お金は貯まる一方だ。帰国するときには貯めたお金をスタッフみんなからかき集め、親を亡くしたクメールの子どもたちの奨学金に充てたのだが、そのくらい報酬をもらうことには抵抗があった。

ボランティアという言葉は、ラテン語の「ｖｏｌｏ」という言葉が語源だ。英語の

「will」にあたる言葉で、「自発的な志願者」というのが本来の意味だ。つまり、行為の無償性より、自発性、利他性、先駆性、自己実現性という部分にこそ、ボランティアの本質が宿る。

まず、ボランティアは自発的な行為でなければならない。義務や強制ではなく、自らの自由な意思で行動することだ。利他性というのは公益性と言い換えてもいいだろう。単に人のためになるというだけではなく、その活動や目的が社会に役立つものでなくてはならない。そして先駆性は、既成概念にとらわれない多様な活動を生む。国や行政、企業にはできない役割を担うことも、行政が機能していないところに外部からいち早く支援することも先駆性と言えるだろう。最後に挙げた自己実現性は、ボランティアが自己実現の場になり、さらに自らの学びにも通じるということだ。実際にボランティアの経験がある人なら、素直に腑に落ちると思う。無償性というのは、お金をもらわないという意味ではなく、見返りを求めないという意味である。

そして、さまざまなボランティア活動のなかで、とくに被災地の救援や支援活動を行う人や組織を「災害ボランティア」と呼んでいる。阪神・淡路大震災以降、ほかのボランティアと区別する意味もあって、この言葉が広く使われるようになった。

従来は、ボランティアというと環境、介護や医療、児童や障がい者の支援といった環境や社会福祉系の分野で使われることが多かった。一方、災害ボランティアは、より緊急性、自立性、専門性が問われる場合が多い。そのため、災害ボランティアの活動に一般の人を巻き込む場合は、専門チームを組んで彼らが動きやすくすることも大変重要になる。

◆災害ボランティアの歴史——昔から助け合い、災害を乗り越えてきた日本人

災害が多い日本では、昔から人々は助け合って困難を乗り越えてきた。江戸時代には「お救い小屋」といって、被災した人たちが身を寄せる場所をお上が作った。五人組が誕生したのもこの時代だ。また、松平定信は1791年に「七分積金」という制度を作り、平時から災害に備えて積み立てを行うようにした。これは、浅間山の噴火を機に東北地方を襲った天明の大飢饉から世の中を立て直すために行った寛政の改革の一環で、「災害は起きるもの、備えるのが当たり前」という思想があったのだろう。ちなみに、私が始めたホールアース自然学校でも、1998年から事業収益の一部を積み立てる「自然基金」を設けて、今回のような災害支援の活動費に充てている。発災時に、いきなり何百万円も用立てるのは難しいが、積み立てがあれば迅速に動くことができるのだ。

さらに、近年の災害ボランティアに関する主だった出来事を見てみると、1923年に起きた関東大震災では、東京帝国大学の学生たちが支援チームを組んで動いたという記録が残

っている。1979年には、カンボジアの難民救援のために現地に行ったり、日本国内で古着を集めて送るといった支援活動が起こった。日本初の大規模な国際ボランティア組織「日本国際ボランティアセンター」や、同じく国際NGOの先駆けともいえる「難民を助ける会」「シャンティ国際ボランティア会」などもこの時期にできた団体だ。私もそうした組織の設立準備や立ち上げに現地で数多く関わった。

その後、1993年に起きた北海道南西沖地震による奥尻島の津波災害には全国から支援の手が差し伸べられ、1995年の阪神・淡路大震災では150万人ものボランティアが活躍してボランティア元年と呼ばれるようになった［**図表5-1**］。このときは、行政の機能が完全に麻痺したなか、避難所をボランティアが運営する事例が数多く見られた。そこで、そうしたボランティアの動きを社会にきちんと位置づけるべきだとして「NPO法」（特定非営利活動促進法）が生まれた。同時に、政府機関で災害ボランティア組織を管轄しようということになり、2000年代に入り社会福祉協議会が、災害時のボランティアも管轄することになった。

1997年のナホトカ号重油流出事故では、神戸で活躍した数多くのボランティアが重油回収にも動いた。その後、新潟・福島豪雨による三条市の水害、中越地震、中越沖地震、岩手・宮城内陸地震、能登半島地震など、さまざまな震災でボランティアが活躍するようにな

図表5-1◆近年の防災ボランティア活動の被災地でのあゆみ

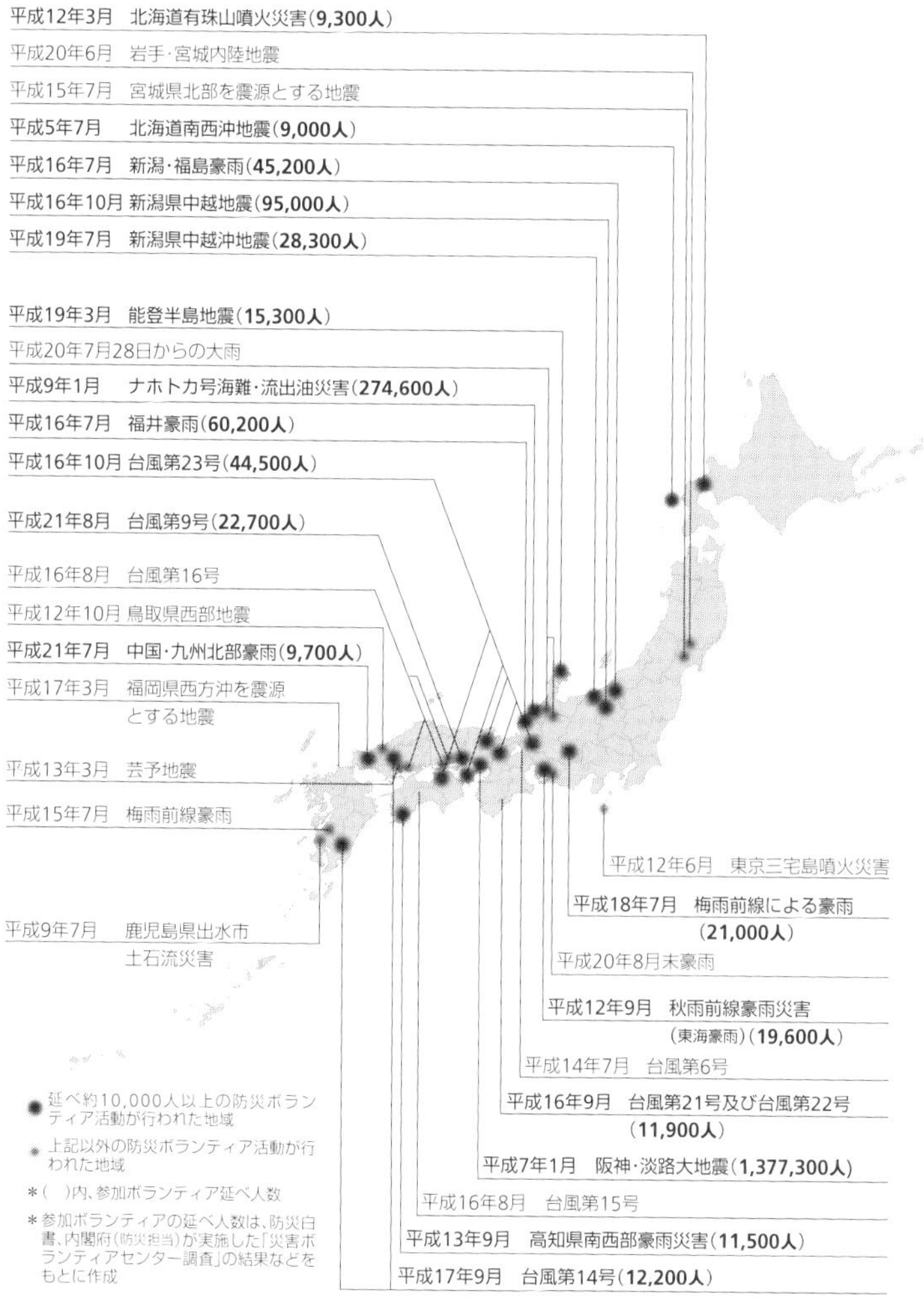

＊(　)内、参加ボランティア延べ人数

＊参加ボランティアの延べ人数は、防災白書、内閣府(防災担当)が実施した「災害ボランティアセンター調査」の結果などをもとに作成

出典：平成22年度広報ぼうさい

り、次第に災害時におけるボランティアの出動が定着するようになる。

しかし、2011年の東日本大震災は、今までの災害とはまったく違うものだった。地震であれ津波であれ台風であれ、これまではすべてが局地災害で、ある地域が災害に見舞われても、そこから一歩離れれば何不自由なく日常生活が営まれていた。しかしこのときは、地震と津波によって行けども行けども被災地が続く前代未聞の状況で、私もこんな経験は初めてだった。戦後初といわれる延々500キロメートルにもおよぶ超広域被災地の出現と同時に、東京でも食料やガソリンがなくなるなど、程度の差こそあれ東日本全体が災害の影響を被り、じわじわと真綿で首を絞めるように私たちを襲った。そして、それにとどめを刺したのが東京電力の原子力発電所事故だ。

この震災によって、東日本の大半の人たちが災害を自分ごととして受け取ったのではないだろうか。そのことが、今までの局所的な災害にはなかった大きな意識の変化を人々にもたらしたと感じている。

02

災害ボランティアができること

役割も仕事も多種多様

◆被災地支援で求められること――段階によって変化するボランティアのニーズ

被災地支援で求められることとは、その段階によって少しずつ変化する。

【緊急支援期】 支援物資も届かず医療態勢も整わない状況のなか、緊急な支援を必要とする期間は2～3週間だ。生存者の救出や負傷者の手当、食料の供給など、近隣住民や専門家などがその任務にあたる場合が多い。

【被災者支援期】 被災者が避難所に落ち着いて、一定の秩序ができあがる3カ月目くらいまでが被災者支援期だ。支援物資の配布から始まり、避難所やボランティアセンターの設営などを通した避難生活の支援は、被災から2週間もすると徐々にモノから人に変化してくる。地域の暮らしや経済の再生に向けて、対面による細やかなケアが必要とされるのだ。私たちは、過去ほとんどの場合、この段階で被災地から撤退してきた。しかし、東日本大震災では被災者支援が3カ月では到底めどが立たず、11月末まで9カ月の長期になった。

【生活復興・自立支援期】3カ月を過ぎると、被災地の片付けや仮設住宅の設営、自立支援や企業支援など生活を復興していくための構造的な支援が必要とされてくる。これが、生活復興支援期とか自立支援期といわれる時期だ。実際にはすべての段階が重なりながら進行していくわけだが、生活復興は最も時間がかかる。災害地の片付けを進める一方で、仮設生活や自立支援、企業支援、復興拠点の設立など、生活を復興するための構造的な支援を行う。仮設住宅に入れば被災者もひと安心だろうと思うかもしれないが、しょせん原則2年間限定の仮住まいである。狭い上に居住性も悪く、むしろ孤立が深刻化する。長くいれば新たな人間関係も生まれ、そこでの悩みも出てくる。だから、仮設住宅に入ってからも細やかな生活支援は欠かせない。

【地域復興・生活再建期】被災地支援の最終段階は、数年から十数年におよぶ地域復興・生活再建期だ。雇用や就労を確保して日常生活を再建し、コミュニティを復活させ、地域経済も再生して自立に向けた取り組みを進める。さらに、国や自治体による復興計画に沿った新しいまちづくりも始まる。地域再生という大きな未来を見据えて、地域の人と共にビジョンを描いて動ける人が必要とされてくる。

◆災害ボランティアの種類

被災地支援で必要とされる災害ボランティアも、その役割によって大きく3つに分けられる。1つ目は**一般のボランティア**。全国から短期、長期でやってくる一般の人たちだ。2つ目は、現場で一般のボランティアを束ねる**ボランティアリーダー**。現場をうまくまわすために、彼らは非常に大事な役割を担っている。そして、3つ目が**ボランティアコーディネーター**。これは、地域の組織的な支援を取りまとめる人で、大勢はいらない。現場の調整役ばかりが多くても仕方がないわけで、人数が必要なのは実際に作業する人たちだ。

さらに、さまざまな専門能力を持った**プロフェッショナルなボランティア**、いわゆるプロボノの人たちも被災地の貴重な戦力だ。たとえば医療やメンタルケア、電気工事や調理など、それぞれの技術や知識を活かした活動は、被災地の人々の大きな助けとなった。

◆ボランティアリーダーの役割
——安全管理から役割分担まで、グループのまとめ役

まず、現場で一番重要なのはボランティアリーダーだ。ボランティアは、被災地では基本的にグループ単位で行動する。その日に来た人を集めて、数人から十数人の作業グループを作るのだが、そのグループを取りまとめるのがボランティアリーダーだ。ボランティアリーダーはグループの安全管理、役割の振り分け、被災地の方たちとの調整など、さまざまなこ

とをやらなければならない。

現場で働く数多くの作業グループのために、ボランティアリーダーも人数が必要だ。現地のボランティアセンターや現場の作業班はもちろん、総務、事務局、物資整理、食事といった後方支援チームのリーダーも必要だし、新たな作業チームが生まれれば、その都度それをまとめるリーダーも必要になる。

ボランティアリーダーに求められる資質を言い出したらきりがないが、理想を言えば、安全管理や応急処置の基礎知識、地域や被災者の方への理解と配慮、そして実行力、企画力、調整力のある人が望ましい。ＲＱ市民災害救援センターが実施したリーダー研修で経験者が語ってくれたリーダー像としては、「ボランティアリーダーは指導者ではない。多様な人の意見を取り入れ、自分の意見を押しつけない人」、「活動の上ではリーダーであっても、それ以外では対等な立場を保てる人」といったものが挙がった。災害支援に関するスキルよりもコミュニケーション能力の高い人が望ましいということは言えるだろう。

しかし、実際はその場にいるメンバーで頑張るしかないし、条件ばかり並べ立ててしまうと、みんなが尻込みしてしまう。だから、専門性よりも経験と実績を重視して、どんどんリーダーを任せていく方が現実的だ。ＲＱでは3日以上ボランティア活動に従事したらベテランと見なして仕事を任せ、新しいボランティアリーダーが育ちやすい環境を作った。その上で、ボランティアリーダー研修も行い、リーダーの役割や行動原則を教えている。そして、安全管理や応急処置の最低限の知識や実技も少しずつ覚えてもらうようにした。

ボランティアリーダーに求められること

◎チームを把握する。
◎安全な活動を作る。
◎自分が活動の先頭に立つのではなく、全体に気配りができる。
◎ポジティブなムードメーカーになる。
◎きちんと挨拶ができる。
◎被災者や周辺住民と良好な関係を築くことができる。
◎安全管理や応急処置に関する最低限の知識がある。

◆ボランティアコーディネーターの役割――自治体等と連携し活動の場と体制をつくる

ボランティアコーディネーターは、ボランティア活動が円滑に行われるために、ボランティアの受け入れや活動先の調整などを行う存在だ。いくら支援が欲しいといっても、いきなり全国から何十人、何百人のボランティアが押し寄せてきたら、被災地も即座に対応できるはずがない。必要な現場に必要な人をいかに配置するか、交通や食事、宿泊の手配、事故や病気といった不慮の事態への対応など、やるべきことは山ほどある。阪神・淡路大震災以降、行政もコーディネーターの必要性を認識し、養成講座を積極的に開催してきた。すでに全国で1万人以上の人が受講しているという。

しかし、養成講座で身につけた知識は、あくまでも机上の論理だ。被災地の強烈なインパクトを受けても動じることなく、臨機応変に対応できる行動力や判断力は、研修だけでは身につかない。研修を受ける方々は職場や地域でそれなりの立場にある方も多いし、若いスタッフに指示を出し、周囲と調整を図る能力も身につけているかもしれない。

しかし災害時は、ただ漫然と椅子に座って頭を使うだけではダメなのだ。被災地を歩き回り、自ら情報を集めて人脈を張り巡らせ、スタッフとともに汗を流して動かなければならない。できるだけ多様な意見に耳を傾け、ファジーな要素を残しつつ、被災者も含めて密にコミュニケーションをとり、情報を発信する。一にも二にも場を作り、活動の血流を生み出す。そして、その日、来たばかりのボランティアにも敬意を払い、信頼をつなげていくことが求められる。

私たちがボランティアセンターを運営する際には、必ず全体ミーティングを行う。中越地震では1日に4回、東日本大震災では2回の情報共有を行った。そこで得た情報から、日刊新聞の発行やゴミゼロエミッションの実行といった、独自の取り組みも生まれている。

しかしながら、コーディネーターのなかには、自分に仕事が与えられるまでいつまでも座っている指示待ちタイプや、いきなり乗り込んできて仕切り始めるお山の大将タイプが少なくない。コーディネーターの育成自体は良いことだが、災害対応の実地訓練を行うことは難しい。自治体や社会福祉協議会の研修でも工夫を凝らしているようだが、混乱した現場をうまく調整できる人を育てるのは一筋縄ではいかないようだ。

ボランティアコーディネーターに求められること

◎現地情報を足で集め、ボランティアの活動の場を作る。
◎自治体、社会福祉協議会、自治会、行政区、消防などとの連携を作る。
◎ボランティアのアゴ（食）アシ（交通）マクラ（宿泊）を確保する。
◎団体全体の雰囲気を、ポジティブシンキング（前向き思考）に持っていく。
◎ボランティアの多様性や能力を殺さずに、活用できる場・状況を作る。

◎被災者の方々との人間関係を築く。
◎ボランティアのためのボランティア体制（給食・バス手配・物資管理・総務・救急・広報）を構築する。

◆ボランティアのためのボランティア――現場のボランティアを支える縁の下の力持ち

「ボランティアのためのボランティア」というのは、私が2004年の中越地震のころから意識的に使い出した言葉で、現地のボランティアを支援するボランティアたちのことを指す。

ボランティアに行く人は、誰もが〝被災者のために〟何かしたいと思っている。阪神・淡路大震災のとき、ボランティアのための炊き出しを手伝わせていた学生が「こんなはずじゃなかったのに」と私の横でずっとぼやいていたのを今でも思い出す。私は「これも将来、必ずおまえの肥やしになる。頑張れ！」と返した。残念ながら、被災地にやってきたからといって、必ずしも被災者と直接向き合う仕事ができるとは限らない。被災地の仕事は実に多様なのだ。

試しにRQが設置したボランティアセンターの作業を思いつくままに書き出してみると、

すぐに70を超えるリストができあがってしまう。物資管理から始まって、炊き出しや病人搬送、子どものケアや学習会、地域の避難所づくり、お茶っこと呼ばれる茶話会や足湯マッサージなど、実にさまざまな活動がある（191ページ参照）。

そして、「ボランティアのためのボランティア」の仕事はさらに多様だ。彼らはボランティアセンターの作業の裏で、作業の記録や地域との調整、車両の運行管理、給食当番、清掃や修繕、ゴミ処理、対外的な広報や説明会の開催、イベントやシンポジウムの企画運営まであらゆる付帯業務を担当する。ひとことで言えば、被災地に出るボランティアの後方支援部隊といったところだ。

ボランティア送迎の担当者は、1日何回も主要駅とボランティアセンターを車で往復するのが仕事だ。自宅のパソコンからホームページを更新したり、東京の事務所でボランティア説明会や支援物資の仕分けを行うボランティアもいる。誰もが被災地にいるわけではない。ボランティアセンターは、ひとつの巨大な自治組織だ。それを民主的に運営し、作業や生活をスムーズに進めるためには、たくさんの縁の下の力持ちが必要なのだ。

こうした業務がボランティアのために必要だとはっきり認識したのは、2004年10月23日に起きた中越地震のときだ。小千谷市や長岡市では即日、ボランティアセンターが立ち上がった。しかし、震度7の大きな揺れに見舞われた北魚沼郡川口町（現長岡市）は外から通じる道がすべて寸断され、自衛隊もメディアも立ち入れない状況だった。被災から一週間後、私たちは自衛隊の後に続き強行突破して現地に入ると、孤立した町の社会福祉協議会と共同でボランティアセンターを設置した。ボランティアは続々と集まり、センター開設3日目で500人、6日目には1000人を超えるボランティアが集まるようになった。私たちは毎日4回の全員ミーティングを開催してスタッフやボランティアと情報の共有を図りながら、最後まで受け入れを続けた。

川口町の人口は約5400人。そこへ、いきなり千人規模のボランティアセンターができるわけだから、住民の方も戦々恐々だ。そこで私たちは、きちんとした自治組織だということを身をもって示す必要があった。自己完結型の組織として自分たちの出したゴミの管理や清掃などに始まり、ボランティアたちの衣食住をみる福利厚生や、健康被害を予防する衛生管理などの業務も重要になり、次第に〝ボランティアのためのボランティアの仕事〟が増えていったのだ。

東日本大震災の支援活動では、最初からボランティアのためのボランティアをシステム化すると心に決めていた。被災地に入ったその日からボランティアが活動できる場所作りと、活動できる現地の了解事項を役所や住民から取り付けると、北海道から食料を定期的に輸送してもらうことや、西日本からガソリンを運んでもらう手配も整え、被災地で自主的に活動できるシステムを作り上げていった。RQのボランティアセンターに来れば、車も食料もガソリンもある、免許があるなら自分で物資も配送できるというわけだ。

こうして一度、ボランティアのためのボランティアをシステム化してしまえば、どんな現場でも効率的に活動ができるようになるし、より多様な人が活動に参加できる。もし、このシステムがなければ、ボランティア志願の人たちは現地までのアクセス方法も、車や食べ物の確保も、滞在する宿泊先まで、すべて自分で探して手配しなければならない。こうしたシステムを取り入れる組織が増えれば、災害時のボランティアはもっと力を発揮できるに違いない。

03
ボランティアを邪魔者にしないために
必要とされるボランティアの受け入れ体制

◆支援の足をひっぱった「ボランティア迷惑論」
――公的支援と民間ボランティアの混同が元凶

私は、これまで海外の貧しい地域や紛争地帯、国内外の被災地で支援や救援活動に関わり、さまざまなボランティアと体験をともにしてきた。当然、専門的なスキルがなければ関われない現場もあるが、災害時の支援にはいろいろな方法がある。そして、個人の経験や条件によっても、できることは異なる。そこで、被災地の支援をしたいという志を持ってやって来た、さまざまな人を受け入れる体制作りがボランティアセンターの重要な役割となる。

阪神・淡路大震災のとき、東灘のボランティアセンターには主婦や学生、社会人たちが、いても立ってもいられない思いを抱えて大勢やって来た。私たちは、受け入れ体制がないことを理由に彼らを門前払いにすることはできなかった。被災地に助けは必要だったし、この日の体験をきっかけに、彼らが生涯にわたってボランタリーな活動に参加することになるかもしれないからだ。

そうした経験を踏まえて、ＲＱ市民災害救援センターでは作業靴やヘルメットを持参できなくてもボランティア活動に参加することができるようにした。そのために、ボランティアセンターは最初から給食体制をとり、寝袋を持たない人には布団や毛布を用意した。

しかし世間では、被災地でボランティアを行うなら、すべての装備を揃えて自己責任で行くべきだという風潮がとても強かった。東日本大震災では被災直後から、一般の人や一部の文化人、市議会議員といった公職に就く人までもが、「ボランティアは観光気分の野次馬だ」「何もできない人が被災地に来ても迷惑になるだけ」「ボランティアは被災地の食料や水を横取りすることになる」といった意見をインターネットのコミュニティサイトなどに数多く書き込んでいた。その結果、現場にボランティアが到着するより先に、迷惑論が世間に広まってしまったのだ。マスコミもそれを追認したため、4月になって開設された公設のボランティアセンターでは、2週間ほどでボランティアの受付を中止するという事態が続出し、最終的にはゴールデンウィーク前に約8割が受付を中止したと報じられた。

さらに、民間のボランティアセンターではゴールデンウィーク中もボランティアの受け入れを続けたところが多かったのに、偏った報道によって「被災地のボランティアは足りている」という誤解まで生んだ。もちろん、そうした声にめげることなく多くのボランティアが動いてくれたわけだが、あれだけ膨大な災害でありながら、参加したボランティアの数は地域ごとに見ると圧倒的に少なかった。これは、ボランティアに対するネガティブな評価が、現場ではなく、これから現地に向かおうとする人々に向けて一斉に投げかけられた結果だと思う。

被災地において、自衛隊や消防は非常に頼りになる存在だ。しかし、何でもやってくれるわけではない。彼らがやるのは国から命じられた任務であり、大規模な仕事や集中型の業務が中心となる。被災地で自衛隊や行政がやらないこと、できないことは山ほどあって、じつはそこに民間の災害ボランティアの果たすべき役割がある。民間ボランティアの強みはフットワークが軽いこと。そして、被災地の段階ごとに対応を変化させながら、持続的な活動ができることだ。

東日本大震災では、国や自治体による支援と民間ボランティアの支援は役割が異なるということが理解されていなかったために、根拠のないボランティア批判が湧き起こったのだ。

◈災害ボランティアの受け入れはなぜ中止されたか
――福祉分野とは性質を異にする災害支援

日本では、ボランティアという言葉がおもに福祉や教育分野で使われてきた。そのため、ボランティア活動というのは福祉団体などが主導して行う介護や医療のほか、児童と遊んだりお年寄りの話し相手をするといった高度な専門性を問われない活動を指すことが多かった。「あなたの余暇をボランティアに活かしてください」という呼びかけが、それを象徴している。ところが、そのあたりを深く考えないまま、全国の災害ボランティアの取りまとめも社会福祉協議会の管轄にしてしまった。これが、災害ボランティアの現場にさまざまな問題を引き起こす大きな要因になっていると思う。

そもそも、社会福祉協議会とは1951年に社会福祉法で生まれた半官半民の組織で、全国すべての都道府県、市区町村に設置されている。現地のスタッフは行政からの出向やパートの方が多く、比較的マンパワーは少ない。その上、ひとたび災害が起きれば、その地域のスタッフ自身が被災者になる。そのため、被災地にボランティアセンターを開設するといっても、10日から2週間経って状況が落ち着いてからになってしまうのだ。東日本大震災でも、4月になって開設した公設のボランティアセンターがとても多かった。しかし被災者の方は、3月11日以来、着の身着のままで放り出されているわけだ。だから、公設のボランティアセンターができるまでは民間のボランティアたちが中心となって支援を行っていた。

しかも、災害ボランティアは、緊急性、自立性、そしてレスキューの専門的な能力が求められ、社会福祉分野のボランティアとは性質をまったく異にする。だから、東日本大震災でも全国からやって来る大勢のボランティアをうまく活かしきれず、受付を中止するセンターが出てきてしまったのだろう。そこへ、「何もできない人が被災地に来ても迷惑になるだけ」というボランティア迷惑論が輪をかけて、公設のボランティアセンターの8割が受付を中止してしまった。被災直後のゴールデンウィークという絶好の支援の場を、みすみす逃してしまったのだ。社会福祉協議会の強みの分野は社会的弱者への支援であり、災害時にはお年寄り、病人、障がい者、貧困家庭、幼少児など、深刻な打撃を被る人たちが多い。そこに特化した専門機関としての役割はとても大きい。

被災直後の支援に関しては、ボランティアが安全かつ適切に作業を行うために、彼らをフォローする専門のボランティアチームをどう作り運営するのか、ボランティアコーディネーターの育成といった人材育成だけに留まらず、市町村の社会福祉協議会に任せっぱなしのボランティアセンターの運営についても、さらなる検討が求められるだろう。

◆災害ボランティアのジレンマ――モンスターボランティアもいる

現地の受け入れ体制さえ整えてやれば、必ずしも災害ボランティアに高い専門性は必要ない。しかし、自発性や自立性は必要だ。被災者のニーズとウォンツを分けて考えられることも求められる。

被災地の現場に行くと、必要な活動、つまりニーズはたくさん見える。「あれも手伝える」「これもできるかもしれない」と気持ちは動くだろう。しかし、そのなかには被災者が自分たちの手でやりたいこともたくさんある。そうした被災者のウォンツが見えていないと、支援が余計なお世話になってしまうばかりか、被災地の人の気分を逆なですることさえある。緊急支援の引き際の見極めも大事だ。いつまでも物資を配布し続ければ地元の自立が損なわれる。商いを営む被災者に対しては、営業妨害にもなりかねないからだ。

また、ボランティアが千人も来れば、残念ながら全員が誠実な人ばかりとは限らない。近ごろ良く聞く〝モンスター〟は、ボランティアのなかにも潜んでいる。

モンスターボランティアには、仕切り屋、号令屋、古株顔などいろいろなタイプがいる。ボランティアセンターにやって来るなり、頑張っているボランティアたちの粗探しをするかのごとく強く批判したり、これまでの経験からセンターの生活や作業について話しただけなのに怒り出す。長期ボランティアの人たちが威張っているわけではないのだが、指図されていると感じてしまうのだろうか。そうかと思えば、内弁慶ボランティアというのもいる。私が勝手にネーミングしたのだが、被災者支援よりもボランティア同士で盛り上がってしまう人だ。仲間同士で楽しくやるのが悪いと言うつもりはないが、活動の目的を見失わずメリハリを付けることは忘れないでほしい。

中越地震のときには、ある大学教授が何の連絡もなしに学生ボランティアをバス2台に分乗させて連れてきたことがあった。到着したのが午前10時。センターのボランティアたちは午前9時に現場へ出てしまったばかりで、学生たちの受け皿がない。しかし、この教授は「せっかく連れて来たのだから何か仕事を作れ」と怒鳴り口調に言い出して、受付のボランティアとトラブルになってしまった。

たくさんのジレンマを抱えながら、それでも私たちは現地では徹底して性善説を通してきた。ボランティアの履歴や本名すら問わなかったし、あだ名しか分からない人もたくさんいた。しかし、現場で被災者の役に立てるなら、それでOKと割り切ってきた。そして、そのなかから、いつの間にか住居を被災地に移して腰を据えた活動を続ける人たちも生まれている。最終的には、来てくれた人たちの善意を信じるしかない。それが私の結論だ。

04
「災害教育」——被災地が若者を変える
他人事だった災害を自分事にとらえ直す

◆ボランティアは学びの場——利他的貢献と同時に得られる学びと成長

　ボランティアと聞くと、即座に「偽善的で根暗な人たち」というレッテルを貼る人がいるようだ。しかし、決してそんなことはない。また、ボランティアは被災者への貢献や利他の思いを唯一のモチベーションとして動いているように見えるかもしれないが、それも違う。活動を通して利他的な貢献と同時に得られる自己実現や、活動に参加して自ら学ぶことが大きなモチベーションになっている。さらに、被災地に行くと被災者に強い共感と連帯感が湧く。だから、カンパをしたり物資を送るといった行動が自然に出てくるようになる。こうしたことから、ボランティア活動によって参加者自身の人格的な成長も期待できるのではないかと考えている。

　しかしながら、東日本大震災では、被災地に学生を行かせるかどうかで、大学でも大きな議論になったらしい。積極的な人たちもいる一方で、学生の安全のためにも容認できないという教授たちも少なくなかった。「専門知識も技術もない学生は迷惑にしかならない」、「学生の本分にもとる」という意見も多くあったそうだ。そして、テレビで流された衝撃的な映像や原子力発電所の事故も重なって、「あんなところに行かせるのは危険だ」という慎重論に大勢の人が傾いてしまったのだ。文部科学省は、ボランティアに行く学生たちには必要に応じて補講や追試を配慮するとともに、可能であれば演習と見なして単位を取得させてほしいという通達まで出して、全国の大学にボランティアの協力を仰いだが、単位を認めた大学は40パーセントにすぎなかった。

私たちは、こうした状況を歯がゆい思いで見ていた。あのとき、もっとボランティアが来てくれれば、助けられた命がいっぱいあったはずだ。そして、学生たちにとっても、被災地は大きな学びと成長をもたらしてくれたに違いないからだ。

私は、阪神・淡路大震災以来、被災地でともに活動する若者が目に見えて成長していくことを実感してきた。当時のボランティアセンターの責任者や派遣元となった自然学校関係者たちの間でもそれは話題になった。〝現場〟には強い教育効果があるということは、野外教育や環境教育の世界でも「自然体験活動」として良く知られている。しかし、被災地での支援活動はそれとは異なる力も働いているようだった。誰もが利他的になり、見たこともないほど真摯に救援・支援活動に没頭し、帰ってきてからも、明らかに以前とは違う真面目さが見られる。

◆「災害教育」で現場を学ぶ――緊迫感、高揚感、絶望感が支配する特別な環境

　私は、こうした被災地での学びを「災害教育」と名づけた。そして、こうした学びを、より自覚的に普及していくべきだという思いに至った。もちろん、支援活動の目的は被災者の方々の救援だが、一方でボランティア自身が強い学びを得ていることも事実であり、ボランティアを受け入れるリーダーたちが学びを促進する役割を意識的に行うことで、より効果的な災害教育がもたらされるはずだと現場で実感してきた。

　実務を通して仕事や作業を学ぶ現場教育はＯＪＴ（On-the-Job Training）などと呼ばれ、企業でも日常的に行われている。現場が持つ教育力、学ぶ力に着目したもので、現場を見る、現場に立つ、現場で考える、起承転結が見える、臨機応変な対応と即断即決の判断力が養われる、といった特徴がある。この現場教育の〝現場〟を被災地に置き換えたのが災害教育だ。

　もちろん、災害教育を目的にして被災地に行くことはあり得ない。あくまでも、副次的な成果として自己変革効果が得られるわけだ。ボランティア活動に限らず、一般の人や中高生が旅行や課外授業で被災地に行った場合も、テレビで見たのとはまったく違う思いを実感するはずだ。私が学校などで防災の講演をするときにも、実際に被災地に行ったことのある子

図表5-2◆災害教育の考え方

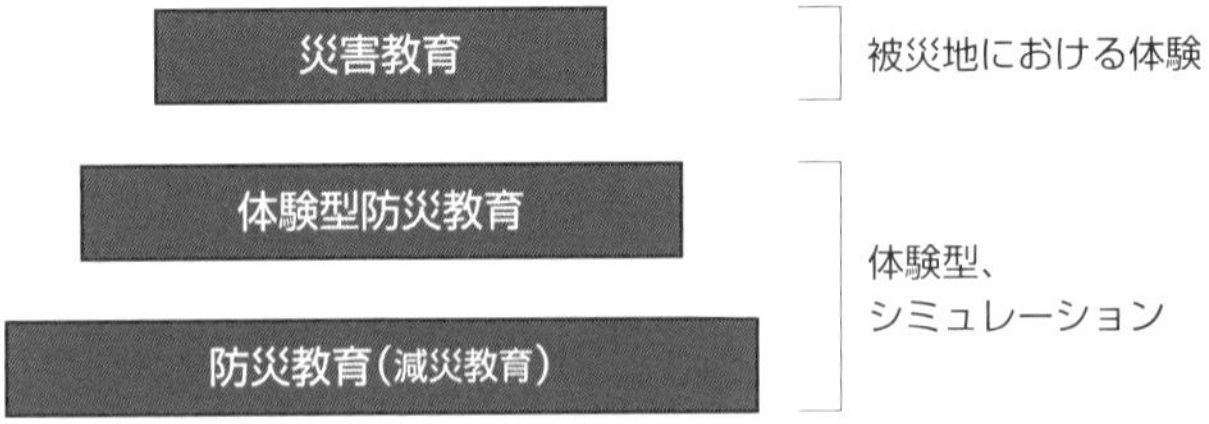

防災教育：学校、行政、自治体、各団体単位で取り組む災害予防活動とそのための教育
体験型防災教育：防災教育が主にシミュレーション学習であることに対して、より効果を高めるための体験学習を使った考え方
災害教育：災害現場の学ぶ力を最大限に活かした人格的成長を伴う教育法

どもたちだと反応がまったく違ったりする。

私は、中越地震が起きた際に川口町のボランティアセンターで「被災地ツアー」の呼びかけをしたことがある。しかし、当時は苦笑や嘲笑を浴びた。被災地に押しかける国会議員に話をしても、あり得ないと取り合ってもらえなかった。2008年の岩手・宮城内陸地震でも企業や行政の理解は得られず、独自に参加者を募って被災地ツアーを実施した。

しかし、今では同じ場所で地元や行政主体の被災地ツアーが実施されるようになっている。東日本大震災では、官公庁などが呼びかけてJTBやHISなどの大手旅行代理店が被災地への修学旅行やスタディツアーを実施している。世の中もずいぶん変わったものだと驚いている。

災害教育は防災教育の一環として考えられる

【図表5-2】。防災教育は、どちらかというと机上の学習や避難・消火訓練などシミュレーション中心の学びだが、災害教育は実際に被災地に行き、現場の持つ緊迫感、高揚感、絶望感が支配する特別な環境下で災害現場を学ぶものだ。

地震や大津波や台風といった自然現象が引き起こす災害のメカニズムを知り、実際にそれがどれほど悲惨な状況を生み出しているのかを、現場で身体的に理解することは、頭のなかでイメージするだけに留まっていたシミュレーション体験とは大きく異なる。被災地を目の当たりにして自分たちはどう対処すべきか、減災や防災の手法や効果を実地で学び、自らの防災やサバイバルスキルを考える機会にもなるし、絶望感に襲われるほどの壮絶な自然の威力は、実際に行かなければ到底伝わらない。

防災教育でも、文部科学省が自衛隊の協力を得た体験教育をしたり、企業でも抜き打ち訓練を行うなどの工夫をしている。しかし、どんなに工夫をしても防災教育はすべて災害のシミュレーションにすぎない。その点、災害教育は被災地をリアルに体験するわけだからインパクトが違う。防災教育の弱点を災害教育で埋めることで、災害の知識と理解をより深めることができるはずだ。

◆被災地という災害現場から学ぶ――被災者に共感し当事者として関わる

また、災害教育は「災害の現場を学ぶ」だけではなく、「災害の現場から学ぶ」という2つ目の学びもある。

まず、実際に被災地の現場に身を置くことで人間的な幅が生まれる。被災地で活動した人たちの誰もが、そこから得るものがあったはずだ。被災者の方から話を聞く、ボランティア仲間から学ぶ、目の前の悲惨と絶望の状況を知る、傍観者ではなく当事者として災害に関わる気持ちを持つ、思いを共有する、強い連帯感・達成感・自己肯定を得るといった学びや感情が生まれる。こうしたものが災害教育のもうひとつの出発点になっている。

私たちが支援物資を送り届けた集落のひとつに、気仙沼と陸前高田のちょうど中間にある湊という集落がある。村は津波ですべて流され、辛うじて生き残った70人ほどの被災者は高齢者がほとんどで、高台にある月山神社の100畳ほどの講堂に身を寄せ避難生活を送っていた。被災から半月ほど経ったころ、最初の救援活動としてRQから2名の宮城教育大学の学生が派遣された。若者の姿のないこの避難所で、彼らは水汲みや炊事、物資調達などを手伝いながら1週間の共同生活を送った。そして、自分たちの任務を終えてRQの現地本部に戻り、後続のボランティアたちに次のような手紙を書き残していった。

前略　僕が言えること。教訓としてここに残せるかもしれないことは、すべての避難所にはすべての人には、これは避難所のおばちゃんの言葉ですが、「ドラマがある」ということです。すべての人の一つ一つの心に僕ら被災していない人間が計ることのできない悲劇が、深すぎる悲しみがあるということです。ただただあの人たちを思ってあげてください。

あの人たちがしてほしいと思うことも一生懸命考えて行動してください。目を放さないでください。愛してあげてください。そして力になってあげてください。彼らの心を一番大事にして、そして全身全霊で役にたってください。お願いします。（原文ママ）

その後、彼らは大学でボランティアセンターを立ち上げて支援活動を続けた。たった1週間のボランティア体験が明らかに彼らを変えた。被災地や被災者との出会いは、日常とは異なるインパクトで体験者を変えてしまう。強烈な利他や貢献の衝動が人を突き動かし、成長させるのだ。

防災教育と災害教育がつながれば、地域防災と被災地支援もつながっていく。そして、対象となる人の人格的な成長と社会参加も期待できる。すべて、これからの日本の社会にとって重要なことだ。

2011年11月、「RQ市民災害救援センター」は、約9カ月の支援活動をもってその役割を終えた。そして、新たに発足した「RQ災害教育センター」に、その思いとノウハウを引き継いで活動を続けることになった。

災害教育についても「被災者、ボランティア、被災地への訪問者らが、被災地や被災者の窮状に接してくり返し抱く共感や貢献の感情と利他の行為を、人格的成長の資源として捉え、わが国のヒューマンで災害に強い社会形成に不可欠な資質を獲得する現場教育を言う」と改めて定義づけ、さらに活動を広げていきたいと考えている。

これまで災害を他人事で済ませてきた日本社会だが、自分が被災者になったときにどうすればいいか、1人でも多くの人が災害の現場を知り、自分事として対応できるようになれば心強いと思う。

05
利他と貢献が社会を変える
災害支援は利他と貢献の源泉

◈被災地支援ネットワークの継続が大切――活動を継続させよう

東日本大震災では、本当に多くの人たちの間で利他的な行為が巻き起こった。自ら募金や支援物資を送った人も多かっただろう。社会は本質的には利他の構造だ。もし、世の中が〝ジコチュー〟ばかりの利己的な構造になってしまったら、裏切りと無関心が蔓延し、秩序も崩壊した恐ろしい状況になってしまう。そうならないのは、常に社会のどこかで利他的あるいは理性的な行為が歯止めをかけているからだ。

長年、自然学校やエコツーリズムの活動に関わってきたなかで、私もそれを実感している。そもそも、環境教育や自然学校という試みは、自然を破壊する行動を批判し対立するよりも、自然に対する感動や共感を広げる方が強い力を発揮するに違いないという考え方に立脚したもので、まさに性善説に基づいている。

とくに災害支援は、災害ユートピア現象も加わって利他や貢献の源泉となる。このユートピアを短期的なもので終わらせないためには、毎年、全国各地で起きる気象災害に対しても支援を呼びかけ、被災地支援ネットワークの活動を継続させていくことが大切だ。東日本大震災の救援活動を終えた複数の団体が行っているように、支援活動の成果をセミナーやイベントでの展示出展、ワークショップなどを通じて公開し、社会の各分野に被災地支援の効果を応用してもらう方法もあるだろう。さらに、災害教育自体の研究と普及を促進し、学校の防災教育に位置づけて、修学旅行などで被災地を訪れるような仕組みを広げていく。

このようにして、大規模災害だけではなく身近で起きた小さな災害に対しても、誰もが支援に動けるような社会に変えていくのだ。

文部科学省は、義務教育過程の防災教育を全面的に見直して、体験的な防災教育に切り替えていくと発表した。それを受けて中央教育審議会でも審議が行われ、私も災害教育をテーマに話をさせてもらっている。1日も早く、具体的なプログラムまで踏み込むことができればと思っている。

◆知っておこう

こんなにある、ボランティアの仕事

災害ボランティアというと、ヘルメットに長靴をはき、軍手をした手にはスコップというイメージがあるかもしれないが、その実像は本当に多様だ。

小さな子どもやペットだってボランティアになる。被災地に子どもなんて邪魔なだけだと思うかもしれないが、見知らぬ大人たちに囲まれて緊張しっぱなしの被災地の子どもたちも、子ども同士では、すぐにうち解けて遊び出す。おとなしいペットは、疲れた心に一瞬の安らぎを与えてくれる。支援の気持ちと受け入れる体制、そして最低限のルールさえわきまえていれば、ボランティアの仕事は誰にでもできるのだ。

ここにリストアップした仕事はＲＱでリスト化された仕事の一覧だ。ＲＱではボランティアの自主性をできる限り尊重していたため、彼らが「やりたい」「必要だ」と思った仕事が次々に生まれ、改善されていった。「これならできる！」という仕事が、きっと見つかると思う。

RQのボランティアの仕事

◎被災地・被災者支援作業

（約50チーム）

救命救急活動／緊急支援物資収集・手配／配送（食料・水・防寒衣・下着・寝具・医薬品・衛生用品・生活雑貨・自転車・作業用具・絵本・書籍・遊具・キャンプ用品etc）／炊き出し／情報収集／病人搬送／子どものケア／学習会／避難所作り／カフェ（お茶っこ）／足湯／マッサージ／散髪・美容／御用聞き／健康相談／ふくしま子ども元気村／子どもキャンプ／被災者の温泉送迎／被災者の保養地送迎／写真クリーニング／貴重品（化石・硯石・神社神具）捜索／ゆかたプロジェクト（夏

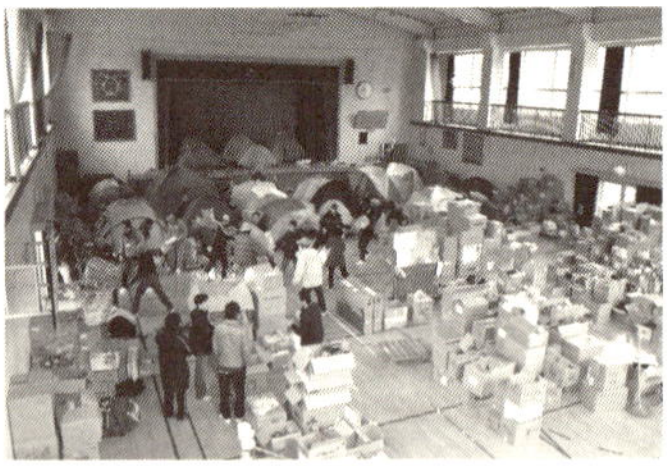

緊急支援物資収集・配送

カフェ（お茶っこ）

子どものケア

写真クリーニング

祭りの浴衣支援）／瓦礫撤去／漂流物片付け／泥出し／仮設住居引越し／仮設の防寒作業／農地復元／花壇作り／鶏の世話／聞き書き（メモっこ）／漁業支援（養殖いかだ作り／漁網修繕／桟橋修理／牡蠣稚貝養殖／浜清掃）／交通整理／お年寄りの話し相手／水汲み／炊事当番／避難所受付／不寝番／半壊家屋片付け／手仕事支援（アクリルたわしなど教室運営／制作／全国販売）／被災地女性支援／地域祭り支援／国連テント設営／仮設商店街運営協力／被災地スタディツアー案内／企業CSR協力

手仕事支援

ゆかたプロジェクト

聞き書き

瓦礫撤去

◎ボランティアのための
ボランティア作業（20チーム）

総務／記録／連絡調整／行政・他団体協力／ゴミ処理／車両管理／物資管理／給食当番／簡易救急措置／対外広報／ボランティアの送迎／ボランティアバス運営／説明会開催／イベント出展／報告会／シンポジウム開催／本部事務局運営／研修開催／ボランティア研修／企業説明会

ボランティアバス運営

給食当番（キッチン班）

シンポジウム

ボランティア説明会

第III部 災後社会に私たちができること

第6章 災後社会に生きる

R

Qの支援活動で生まれたさまざまな活動チームの多くは、現在もその意志を引き継ぎ、長期的な活動に入っている。河北エリアで活動していたボランティアセンターは、「リオグランデ」という名前の自然学校に生まれ変わった。リオグランデとはスペイン語で「大きな川」という意味だ。津波で甚大な被害を出した大川小学校の近くで活動しているため、この名前にしたのだという。古民家を借りて活動拠点とし、地域の方とともに子どもたちの自然体験活動などを続けている。

気仙沼の唐桑にあるボランティアセンターは漁業支援に力を入れてきたが、これは「唐桑海の体験センター」という自然学校活動として継続され、JTBやHIS、クラブツーリズム、日本旅行などの大手旅行代理店と組んで参加者を受け入れている。牡蠣の養殖体験などを行う一方で、「唐桑創生村」を立ち上げて津波で流された漁村の復興も進めている。

自給自足のエコビレッジ型ボランティアセンターを続けてきた歌津では、「歌津てんぐのヤマ学校」を作って、自ら仙人と称してやってきたボランティアリーダーが、人と地域や自然をつなぐ活動を続けてい

民間ボランティアから始まる未来を見据えた支援

DOCUMENT

る。〝仙人〟は東京からやって来たボランティアだが、当初から歌津の祭を子どもたちと再現したり、地元の自然を活かして子どものキャンプを開催するなど、独自のユニークなプログラムを生み出してきた。最初は地元の方々も変な奴だと遠巻きで見ていたが、次第に彼の支援に対する熱意が伝わって、今では地元の小学校とも協力して活動するまでになった。

岩手県釜石のボランティアセンターでは「三陸ひとつなぎ自然学校」と称する被災地ツアーを始めているし、地元と首都圏のボランティアが連携して行ってきた聞き書き活動も、被災地の歴史や被災者の人生を書き残す自分史づくりの活動として大きな広がりをみせている。

気仙沼・南三陸・登米市を拠点にしてきたＲＱ被災地女性支援センターでは、東北の復興を担う女性たちの支援に力を入れた。被災後、仮設住宅の女

唐桑海の体験センター

性たちの手仕事支援としてアクリルたわしの制作・販売を始めて海外でも話題となったが、そうしたサロン活動からコミュニティや女性の組織づくりのサポートなどを行い、現在では、組織の再編をしてNPO法人ウィメンズアイ（Women's Eye）として活動を続けている。このメンバーのなかには、宮城発の復興フリーペーパー『FORTUNE宮城』の編集・発行を始めた者もいる。

気仙沼の小泉では「くりの木ひろば」という子どもたちの冒険遊び場活動が生まれた。これは、ボランティアによる支援活動として始まったものだが、今では被災者たちによる自主的な活動として引き継がれている。

放射能汚染に苦しむ福島でも、鮫川村の自然学校である「あぶくまエヌエスネット」を中心に福島の子どもたちを支援する「ふくしまキッズ」の活動が

ウィメンズアイ

全国的に広がり、災害救援の実績の厚いホールアース自然学校も「福島校」を設置して、福島の親子や子どもの長期的な支援を行っている。

被災地の10年、20年先を見据えた支援活動が、すでに民間のボランティアから始まっている。注目したいのは、こうした活動には私たちの社会と同じく多様なサービスが求められているということだ。被災地といえども、そこはひとつの社会だ。決して、均一な活動が求められているわけではない。社会の構成員である皆さん自身が、自分にできることを持ち寄ってさまざまな貢献をすれば、きっとそれを必要としてくれる人がいる。今後の復興や地域の再生、そしていつ自分が当事者になるか分からない「災後社会」では、このように幅広い活動を担うことのできるしくみや人材が求められている。

ふくしまキッズ

01 誰もが被災者となる「災後社会」

他人事の感覚は通用しない

◆大地震は長期間にわたって国土を揺るがす——東日本大震災で地盤に歪みを抱えた日本

今回の東日本大震災は、東北地方では千年ぶりの大地震だといわれる。確かに、今から千年ほどさかのぼった時代、日本列島はおびただしい災害に見舞われていた。平安時代の初期、貞観～仁和の時代には863年から890年の約28年間にわたって数多くの地震や火山噴火が起こっている（50ページコラム参照）。

そして、今回の東日本大震災を機に、再び災害の連鎖が始まるのではないかともいわれている。2004年に起こったマグニチュード9・1のスマトラ島沖地震でも、その後半年に一度の頻度でマグニチュード7、8クラスの余震が発生し、2010年にマグニチュード7クラスの津波が伴う余震と、同時に起きた火山噴火によって多くの被害を出した。さらに2年後の2012年にはマグニチュード8・6の巨大余震を引き起こしている［図表6-1］。超大型の地震は周辺域を非常に不安定な状態に陥れ、それが収まるまで何度でも地震を繰り返

図表6-1◆ スマトラ島周辺で2000年以降に起きたM7.5以上の地震

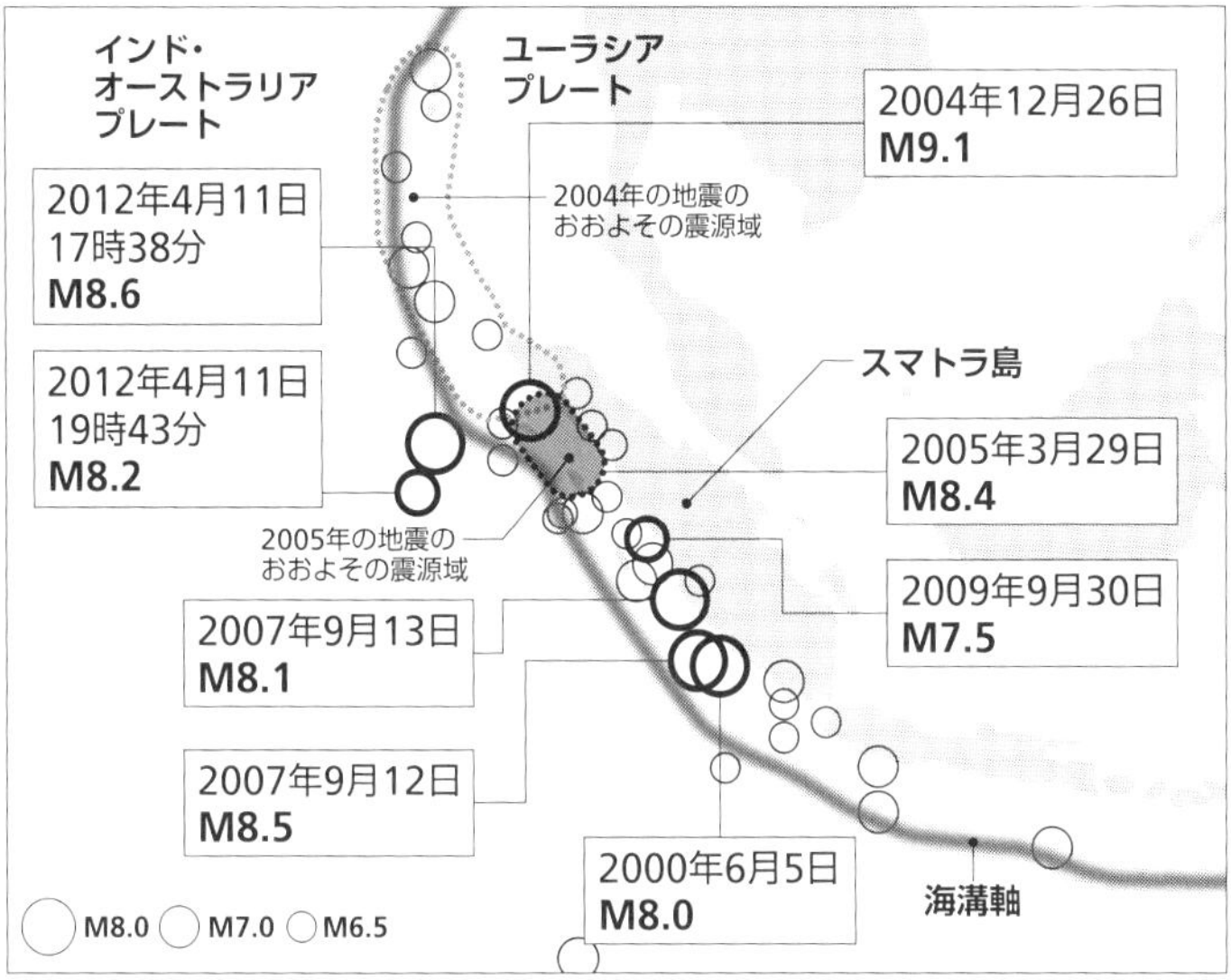

出典：気象庁

す。

日本列島は、東日本大震災によって再び大きな地盤の歪みを抱えてしまった。研究者や関係機関も次々と警告を発し続けている。国の中央防災会議、あるいは防災科学技術研究所や東京大学地震研究所、気象庁などの公的機関が公表した予測から抜き出しただけでも、今後30年の間に国内で大きな地震の起きる可能性があるのは、北海道東方沖、三陸沖、宮城沖、房総半島・千葉東方沖、東京湾北部、東京西部、伊豆東方沖、東海、東南海、南海、安芸灘・豊後水道など、ほぼ全国を網羅している。

噴火が予想される火山は、関東中部

地方で日光白根山、焼岳、乗鞍岳、富士山、箱根山。伊豆諸島では伊豆大島、新島、神津島。九州の鶴見岳、伽藍岳、阿蘇山、九重山。そして、南西諸島の中之島、諏訪之瀬島もあげられている。

長らく続いた戦後社会は、災害的には平穏期であり、危機は他人事だった。3・11後の「災後社会」は、もはや想定外という言葉に逃れることはできない自分事の時代になるといえるかもしれない。

地球温暖化による気象の極端化も常態化してきている。ゲリラ豪雨や台風の頻発で土砂災害が相次いでいるのはご存知の通りだ。原子力発電所の事故処理もまったく目途が立たないばかりか、後手に回った対応で未だに放射能汚染を閉じ込められずにいる。私たちは、いつ、どこで被災者になってもおかしくない社会に生きているのだ。

誰もが明日にでも被災者となりうる自分事の意識が不可欠になるだろう。「被災地と、（被災していない）私の街」「被災者と、（それを支援する）私」のように、わが身を災害の外に置くような感覚は通用しなくなる。

◆災害に脆弱な社会と弱者――社会変化や格差が災害弱者を生み出す

一方で、私たちは過疎化や高齢化、少子化といった社会の変化に直面し、地域コミュニティの崩壊も急速に進行している。これは、とくに都市部において深刻だ。こうした社会の変化は、災害にも影響を与える。

ほんの少し前の時代まで、1人暮らしのお年寄りが近所に暮らしていれば、なんとなく周りの人もその様子を気にしていたのではないだろうか。しかし、今では近所を気遣うどころか、隣に住んでいる人でさえ顔を合わせることがない。そんなところに災害が起きたらどうなるのだろう。

前にもお話しした通り、阪神・淡路大震災で生き残った人の約80％は、隣近所の人によって救出されている。早朝だったため、ほとんどの人が寝たまま家具や家屋の下敷きになっていたのだ。そこで、被災した人々同士が互いに声をかけ合い、救出活動を行った。自衛隊や消防・警察ではなく、近所の人に命を救われたのだ。もし、人との関わりが希薄になった東京のような都市圏で災害が起きたら、誰が救ってくれるのだろうか。

さらにこの30～40年、日本は急速にパソコンや携帯電話、メールやインターネット環境が普及し、顔と顔を付き合わせた直接的なコミュニケーションを伴わないバーチャルな社会になってきている。このような社会で実体験に乏しい生き方をしてきた人が、実際の大災害に遭遇したときに、どう判断し行動できるのか、非常に心配だ。

近年、大都市ではオール電化住宅に住む人も珍しくなくなってきた。火を使わず、電力ですべてのエネルギーを賄う「オール電化」がスマートな暮らしだともてはやされている。しかし、東日本大震災でその脆さが露呈した。長引く停電で、灯油ストーブやカセットコンロ、手回しラジオといったアナログな機器が飛ぶように売れた。オール電化は災害に最も弱いライフスタイルのひとつだった。ひとつのエネルギー源に頼ることなく、複数のエネルギー源をうまく活用した暮らしこそ、災害にも強いスマートなライフスタイルなのだ。

また、近年の都市は農地や林地だった場所を造成して拡大してきた。しかし、そうした土地は、本来、洪水や土砂崩れが起きやすい場所が多い。そこへ新興住宅地や市街地ができて人が住むようになったことで、以前なら問題にもならなかったささいな増水が人々を巻き込んで災害を起こすことになった。東京や名古屋、大阪などの大都市も、その半分の地域は軟弱地盤だ。もともとは広大な干潟とたくさんの河川が流れる平野に、河川敷の湿地が広がった土地だったからだ。そんな地層の上に超高層ビルが林立している。果たして大丈夫なのか？　関東大震災以降、東京は大きな地震の洗礼を受けていないため、誰も建築物の耐震強度については分からない。大型のシミュレーション装置を使って耐震実験を行ったといっても、実際の地盤の複雑な沈下や液状化、崩壊などの諸条件のデータは入力できない。

災害時の深刻な問題には、災害弱者の問題もある。その象徴ともいえるのが、２００６年に日本各地を襲った「06豪雪」だ。亡くなった１５２人のうち約１００人が高齢者だった。

60歳以上で見ると74%にもなる。豪雪地帯の高齢化率は25・5%、特別豪雪地帯の高齢化率は29・2%だから、いかに被害が高齢者に集中したかよく分かる。

災害弱者を生み出すのは、単に経済的な格差だけではない。生活困窮者や高齢者はもちろん、乳幼児や妊婦、障害者、外国人、旅行者なども含まれる。自分で動けない人たちや、自分に危険が差し迫っていることを察知する能力を持たない人、言葉や障害や金銭的な問題で情報を得るのが困難な人、天候の急変をしのぐ住まいを持たない人なども含まれる。一方で、個人の生きる力とは無関係に、経済力によって耐震性能の高い家に住み、衣食住にも不自由しない人たちもいる。

残念ながら、わが国の社会もさまざまな格差とともに、災害弱者と災害強者の2つに分化しつつあるのだ。

02

地域再生はどう進めるか

すべての世代が、安心して暮らせる地域再生を

◆復興計画とコミュニティの再生――地域の特性や伝統に配慮した計画を

災害は、物理的に村や集落をバラバラにするだけではない。復興事業などにおける利害対立は、地域のコミュニティまで壊してしまうこともある。

災害で家を失った人たちは、まず避難所に身を寄せて自分たちの集落とは異なる新しいコミュニティを築いていく。ところが、これで落ち着いたと思ったら数カ月後には仮設住宅に移動させられる。こうした移動の繰り返しで精神的に疲れてしまい、家に閉じこもって孤独死に至るケースは少なくない。また、高台移転や復興事業で行政が提示する近代的な街のプランを見て、これまでの、〝お隣にサンマが届けば醤油を持って駆けつける〟ような親密な人間関係が消えてしまうのではと不安になる。

今まで住んでいた街は、重機でどんどん片付けられていく。阪神・淡路大震災で被災した人たちは、住み慣れた地域が復興とともに美しい公園や高層住宅街や空き地に姿を変えてい

くのを見て、強い虚無感を感じたという。自分の身内やこれまでの思い出をすべて失った人々にとって、唯一、失った肉親や友人たちと自分を結びつけてくれるのは住んでいた場所だからだ。それがすべて取り払われてしまった後には、虚無感しか残らない。そして、復興事業の作業に借り出された被災者たちも、「自分はこんな仕事をするためにこの土地にいるわけじゃない」「漁業をやりたい」「畑を耕したい」というやりきれない思いを抱えている。

東日本大震災の被災地、岩手・宮城・福島の3県に特化して見てみると、これらの地区はいずれも長い歴史と文化を持ち、伝統的なリーダーシップによって運営されてきた地域が少なくない。地域の再生計画においても、彼らがそれを支えていくべきだろう。よその人から見れば、復興には若くて新しいリーダーシップが必要だと思うかもしれない。しかし、とくにこの地域は被災者の大半がお年寄りだ。だからなおさら、酸いも甘いも知り尽くした人たちに地域を運営してもらいたい。

じつは、被災の初期段階では、学校長や行政区長、そして伝統的な地縁組織の人々がリーダーシップを発揮して各地で活躍していた。ところが、被災者が避難生活の長期化によるストレスに疲れ、さらに復興に絡むさまざまな利害関係が発生してくると、今まで被災者集団を率いてきたリーダーが不満のはけ口として標的になりやすい。リーダー自身も避難生活による疲れから、非難や批判に対して柔軟さを欠いてくる。そのため、外部の支援者がリーダーを支えていかないと、コミュニティの最後の絆であるリーダーシップまで失われてしまう危険がある。

復興計画では、こうした地域の特性や受け継がれてきた伝統文化に配慮をし、以前からの地域コミュニティを基礎にした地域計画が必要だ。そのためには、被災者の代表が行政に要望をあげやすくするための支援も必要だし、専門性を持ったプロボノチームによる継続した支援も重要だ。

地域のコミュニティとは、そこで生まれ育ち人生をまっとうする舞台だ。20年、50年先を見据えて、旧世代はもちろん、次世代も安心して暮らせる地域再生が不可欠となる。東日本大震災の復興プランは、今後も発生するであろう日本の災害と復興、地域再生のモデルとなる。災害大国日本の復興マスタープランと言ってもいいだろう。

03

復興に、私たちができること

「リスクコミュニケーション」の構築で災害に強い社会を

◆災害に負けない社会づくり――10メートルの防潮堤が本当の復興なのか

南三陸町にある歌津という集落は、今回の津波ですべてが流されてしまった地区のひとつだが、合併前の人口は約5700人。元禄時代からの伝統やしきたりが今に残る街だ。集落の真ん中を伊里前川という小さな川が流れ、河口には恵まれた漁場が広がっていた。歌津の海が豊かなのは伊里前川の水が流れ込むからだといわれていて、地域の漁師は江戸時代から山に木を植えて川を大事に守ってきたという。

ところが、震災復興の防潮堤計画と、三陸高速道路延伸の計画で発表された予想図では、そうした歌津の姿は跡形もなくなっていた。子どもたちが河原に降りて遊んでいた伊里前川は、片側10メートル近い大堤防で囲われた完全な水路になっている。さらに、その手前に防潮堤が作られ、その上を高速道路が走るというのだ。国は、地元商店のためのまちづくりも計画しているというが、仮にそこに商店ができても周りはコンクリートの要塞で、海も川も見えない町になってしまう。

そもそも今回の津波では、東洋一を誇った岩手県宮古市田老の防潮堤さえ木っ端微塵になっている。田老は〝津波田老〟と呼ばれるほど、古くから津波に泣かされてきた土地だ。起工から32年もかけて完成させた高さ10メートル、総延長2433メートルの巨大な防潮堤は人々の悲願だった。1960年に三陸沿岸を襲ったチリ地震津波では早速その威力を発揮し、田老の被害は周辺の地域よりもずっと軽微に抑えられた。人々の誇りと信頼を集めた防潮堤だったが、それが今回の震災では仇になった。防潮堤があるため集落からは海面が見えず、多くの人々が津波の襲撃に気づかなかった。さらに、津波警報のサイレンを聞いても「防潮堤があるから大丈夫」と安心しきって逃げ遅れた人も多かった。歌津がその二の舞にならないよう、昔ながらの心地よさを残しつつ安心して暮らせる町を再生したいと、地元の若い漁師たちが動き出している。

災後社会では、すべての人にとって災害が他人事ではなくなる。「なるようにしかならない」とか、「誰かが何とかしてくれるだろう」と思いながら不安な毎日を過ごしていても仕方がない。「自分たちで何とかしよう」と前向きに考えて、災害に負けない社会を作っていくことが求められている。社会は高度に機能したネットワークによって成り立っている。これらの構成員がバラバラの情報や権能を振り回していたら、災害時などの非常時には悲惨な状況を引き起こしかねない。それを防ぐのが「リスクコミュニケーション」を社会各層に張りめぐらしていく方法だ。

災後社会を生きるために、そして地域の復興のために、私たちは何ができるだろうか。

◆行政のすべきこと——災害に強いまちづくりと、防災体制や連携の強化

最初に行政が果たす役割をはっきりさせておこう。

まず、災害に脆弱なエリアと比較的強いエリアとのゾーンニングを行い、その上で、それぞれの地域の対策を立てることだ。市街地における建物の耐震化や不燃化を促進し、ハザードマップや地域防災体制を整備し、災害弱者対策を推進する。ただし、地域の防災対策に関しては、2012年の8月に中央防災会議が南海トラフの沈み込み帯が動く可能性を踏まえて、これまでの被害想定を全面的に見直している。それと前後して、本州・四国の太平洋岸一帯のシミュレーション結果も出てきた。新たな被害想定はこれまでの防災体制を大きく上回るため、それに対応できる自治体は非常に少ないのが現状だ。外国人や貧困者の対策はほとんど手がついていない。早急に体制を立て直し、整備する必要があるだろう。

そして、行政・消防・警察・医療・大学・NPOの連携強化を図ること。これも、なかなか進んでいない。役場が被災しても行政機能が滞らないように行政などの機能を分散させ、

通信会社と組んだ緊急時情報ネットワークを構築することも急務だ。官民協力による備蓄と緊急避難体制の構築については、大都市部の帰宅困難者対策などが始まっている。

そして、被災地を学びの場とする災害教育の普及にも力を注いでほしい。災害時には市民が力を発揮して動いてくれるという確信を持つことができれば、いざというとき行政も地域もあわてずに済むはずだ。

◆市民ができること――被災地へ出向いて、災害を自分事とした支援を

まず、今からでもいい、被災地に行くことだ。被災地はすっかり片付いていると思ったらとんでもない。被災から3年近く過ぎた今でも、福島は瓦礫すら片付いていない。宮城・岩手も状況は同じだ。被災者はプレハブの狭い仮設で3度目の夏を迎えた。自分の目で現状をしっかりと見て、その上で、災害を他人事ではなく自分事に置き換えて、今から何をしたらいいのか考えてほしい。

そして、できることから支援を始めよう。体力やお金がなくても、できることはたくさんある。家族や仲間と話し合ったり、現地の支援団体とつながるのもひとつの方法だ。RQだけでも、女性の手仕事支援チームや子どもたちの遊び場づくりなど、さまざまな活動が行われている。東北の再生はこれからだ。被災地のことを忘れずに、息の長い支援を続けていこ

う。

そして、次の災害にしっかりと備えること。災害は、すべての日本人が直面する最も身近な脅威だ。被災地の状況を自分事に置き換えて、今が災害の起きる1年前、いや半年前だとしたら、自分は何をすべきなのか考え、備えておこう。

◆大学ができること――教育や研究による社会還元と若年層の地方還流を

大学に一番期待されるのは防災や減災、災害教育などの研究による社会への還元だ。また、被災地に市民大学を作って地域の教育に貢献したり、復興のような社会課題に対して国や行政に提言したりするのも、研究機関ならではの役割だ。卒業生の地方移住や起業の支援に本気で取り組み、若年層の地方還流を促進し、地域を支える人材の輩出にも力を入れてほしい。

◆学生ができること――若さを活かした支援と、地域を支える人材に

学生はフットワークが軽く体力もある。現場に行けば、できることは山ほどあるはずだ。東日本大震災の初期段階では、大学生よりもアウトドア系の人たちやミドル層の男性が多かったが、学生もアンテナを高く張って積極的に被災地に足を運んでほしい。フットワーク軽く即応できる力は、学生たちの世界共通の強みであり特徴だ。ＳＮＳなどの新しいツールを

使った情報発信やネットワークの構築なども得意な人がいるだろう。

今回の震災では身近な例で、都留文科大学や亜細亜大学、帝京科学大学などが大学内にボランティアセンターを作り、継続的に数十人単位の学生チームを送り込んでくれ、RQ市民災害救援センターの大きな力となってくれた。

そして、できれば卒業後は地域産業の継承者となり、働き手として地方を支える人材になってほしいと思う。若者ならではの感受性と強い正義感が、この日本で衰えていないことを期待したい。

◆企業ができること――本業を活かし、復興ビジネスで本格的な支援を

企業には、本業を活かした支援が期待されている。社員をボランティアで派遣するだけではなく、支援を仕事にする貪欲さが欲しい。復興ビジネスというと眉をひそめる人もいるかもしれないが、仕事にすることで初めて本格的な復興支援になることも多い。その上で、自分たちの経営資源の分散、活用と、情報の対外的な発信ができるような体制を万一のときに備えて整えておくことだ。災害時には関係者たちから企業の被災地支援を手伝いたいという申し出もあるはずだ。そうしたステークホルダーの気持ちを具体化するためにも、率先して支援活動を開始してほしい。NPOや地元自治組織、地元企業と連携した情報収集なども、

企業ならではのマネジメント力やビジネススキルが発揮できるのではないだろうか。

また、今回の原子力発電所の事故では、放射能の正しい情報と知識を持ってほしいと強く感じた。風評被害やデマに流されるようでは、本来の企業活動まで大丈夫なのかと心配になる。企業が率先して検査態勢を整えて、風評被害を打ち消すくらいの姿勢を見せるべきだ。

企業のボランティアの取り組みとしては、以下のような形がある。

◎社員ボランティア型

ボランティア休暇制度も広がってきた。社内のチームで行動するのは効率的だし、ほかの社員への刺激にもなる。できれば、自社のボランティアセンターを常設できるといい。東日本大震災では、ボランティアの少ない月曜発金曜帰着の日程で20名ほどのボランティアチームを定期的に送り込んでくれた企業も複数あった。それを受けて、現地では同社の作業フィールドを用意して半年間にわたる活動を続けた。社員の派遣も、このように計画的に行ってくれれば大きな力になる。

◎本業支援型

企業の最大の強みは本業にある。震災直後は、IT関連の企業がいちはやく災害情報のポータルサイトや被災者の消息情報のサイトを立ち上げた。交通機関の混乱を受けて、臨時運行を行って被災地への足を確保したバス会社もあった。旅行会社によるボランティアツアーなども本業を活かした支援といえるだろう。災害と本業をつなげにくい職種もあるが、災後社会はすべての企業が被災から逃れられない。むしろ、果敢に災害対応型の本業分野を開拓すべきではないだろうか。

◎プロボノ型

企業には高い専門性を有する人材が集中している。その技術やノウハウをボランティアワークに活用すれば大きな貢献となる。医師や美容師、調理師など技術者による支援も東日本大震災では多く見られた。また、ある出版社は、被災後約6カ月で現地取材をまとめあげ、災害ボランティアのハンドブックを出版した。すばやい企画決定でいちはやく現地のボランティア情報や心得をまとめた本は、多くのボランティアの指南書として活用された。RQのWEBサイトの制作・運営も、プロによるボランタリーな活動で支えられている。

被災地に行けなくても、自社の支店や店舗などを使って全国的に募金や物資を集めてくれた企業もある。考え方次第で、企業の支援もいろいろな形がとれるのではないか。

一方で、次のような支援の失敗もよく見かける。

◎自社宣伝型
過剰な企業名の露出や広報活動丸出しのチャリティイベントなど、見苦しく不評な活動も多々見られた。
◎物資大量搬送型
タイミングやニーズ把握が不十分な状態で、単一の支援物資を大量送付するのは、被災地側の負担が大きく迷惑になるだけ。
◎現地おまかせ型
現地でフル回転している支援団体は企業のためだけに作業のコーディネートを行う余裕はない。物資やボランティアの大量支援を企業側の都合だけで決めてきて、現地の調整は支援団体にお任せという無責任なプランは、活動の妨げにもなる。

行政・市民・NPO・大学・企業が、平時から災害時の情報や物資、人材供給のシステムを決めて、そのシステムの最適化を話し合う場を常設することは極めて重要だ。そして、最適化されたリスクコミュニケーション・システムを全国に設置することは、災後社会の最優先の課題だろう。

04

持続的な支援のために
柔軟で自立した組織が多彩な活動を生む

◆アメーバ型組織が地域を救う――自立した支援組織に求められること

長かった緊急支援期を終えて東日本大震災の被災地も本格的な復興の時期に入ったが、被災地で活動してきた支援団体の大半は、2011年末に緊急支援の活動を終了している。被災者の生活支援も含めて緊急支援と考えて継続してきたRQ市民災害救援センターの活動も、同様に2011年末で終了した。それでは、今後の持続的な支援は誰が担っていくのだろうか。

ボランティア元年といわれた阪神・淡路大震災では、ボランティアによる支援はおおよそ3カ月で収束し、その後の復興に尽力したのは地元の神戸の人たちだった。一方、東日本大震災では、おびただしい数のボランティアセンターが各所にできて長期的な支援を行ってきた。そのため、ボランティアでやって来た人がそのまま被災地に住民票を移してしまった例も少なくない。これは、阪神・淡路大震災とはずいぶん様相が異なる。従来のように、被災地に行って支援活動をするというよりも、自分も何らかの形で災害の当事者だと感じて動いている人が目立つのも東日本大震災の特色だ。

◆ヒエラルキーからアメーバへ

この章の初めに、RQの活動から生まれた自主的な長期支援活動を簡単にご紹介したが、これらの活動には、いくつかの特徴がある。

まず、いずれも最終的に自然学校の形で活動を続けているということだ。もちろん、RQという組織自体が自然学校やエコツーリズムのネットワークから発生しているのだから、当然だと思われるかもしれない。

しかし本来、自然学校やエコツーリズムとは、単に自然体験をするだけではなく、地域の自然・文化・コミュニティをつなぎ直す活動でもあるのだ。そして、自然学校の現場では問題解決のための新しいプログラムを作ることが常に求められる。こうした特性が、支援活動の事業化にも大きく影響しているはずだ。被災地の復興という新たな課題とニーズにどう応えるか、それを模索したひとつの結果が、新たな事業とプログラムとして提供されている。

興味深いことに、自然学校の活動テーマは、少し前まで「青少年育成、環境教育、自然保護」が圧倒的に多かったが、2010年の全国調査（第5回自然学校全国調査2010・日本環境

図表6-2◆ ヒエラルキー型組織からアメーバ組織へ

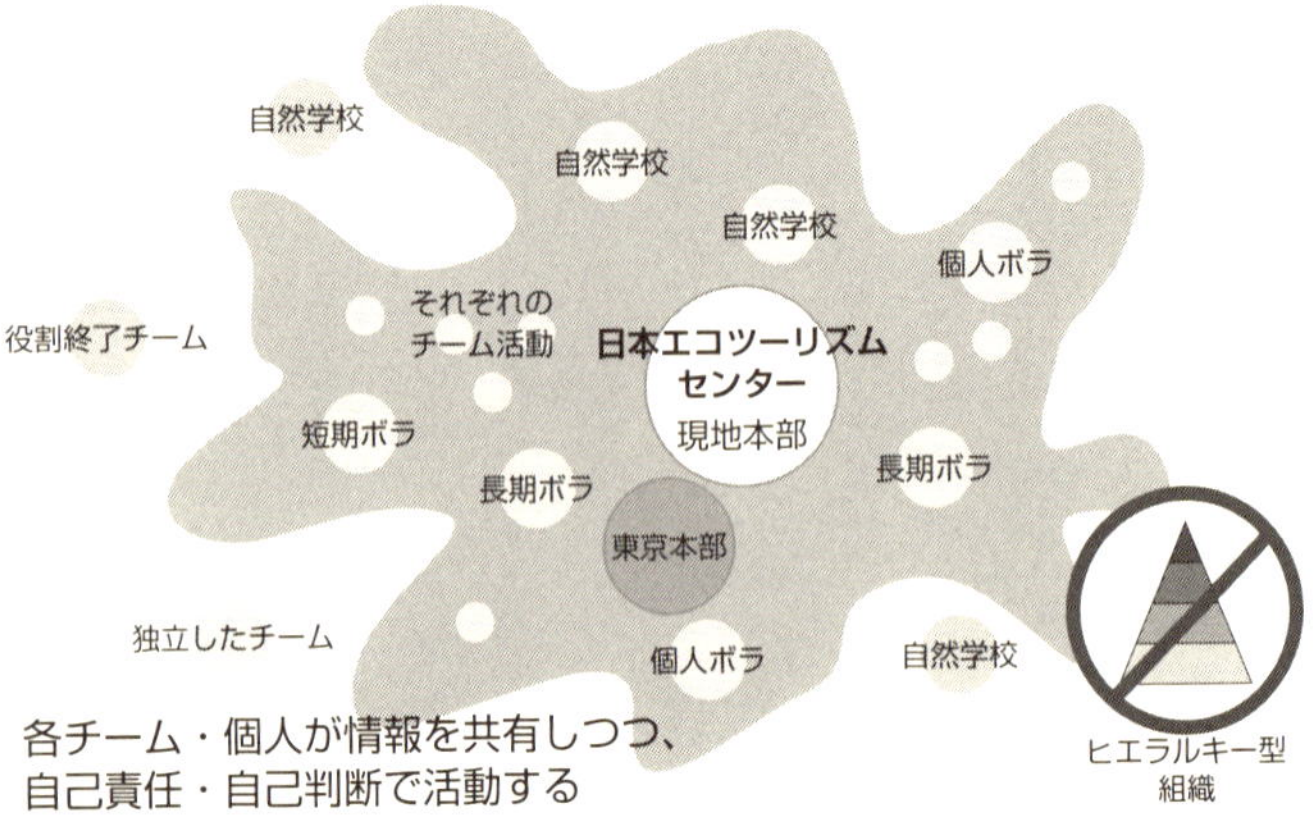

教育フォーラム）では「地域振興」が最上位のテーマになっている。また、自然学校のサバイバルスキルは災害の救援活動の即戦力にもなるだろう。

現在、日本には約3700の自然学校があるが、災後社会においてさまざまな形で地域に貢献できると確信している。

そして、自主的な長期支援活動のもうひとつの特徴は、いずれも現場で被災者と接点を持った人たちが、その場で考えて始めたものだということだ。もし、RQの活動がひとつの号令の下に画一的な支援をするだけだったら、決してあれほど多彩な活動は生まれない。

通常、組織というものはリーダーを頂点としたピラミッド型のヒエラルキーで運営される。しかし、RQはピラミッド型の組織構造をとらずに、アメーバ型の組織構造を意識してきた。それが、こうした活動を生み出す大きなポイントになっている。

アメーバは柔軟で決まった形を持たず、どこを切っても再生して生きていく。つまり、アメーバ型組織とは状況に合わせて柔軟に変化し、全体を仕切っていたリーダーがいなくなっても、個々の活動は別のリーダーに引き継がれて再生し、発展していくような組織だ**［図表6-2］**。そのために、ＲＱが意識して行ったことがいくつかある。

◎全員ですべての情報を共有する

情報はリーダーだけが握るのではなく、常にみんなで共有する。そのために、毎日、その場にいるボランティア全員で朝・夕礼を開くようにした。日替わりでやって来るボランティアとまで情報共有する必要はないと考えるかもしれないが、情報を持てば一人ひとりが自分の判断で創意を活かした活動を生み出したり、自主的に動けるようになる。

◎ルールは持たない

ＲＱでも、最初は新しいルールが毎日、壁いっぱいに書かれていることが当たり前だった。しかし、お互いに信頼関係が生まれてくればルールも要らなくなってくる。また、ルールを決めずにいろいろな意見を受け入れることで、多様な活動を生み出せるようになった。ルールにこだわりすぎると、どうしても特殊な状況にあわせて柔軟に対応することは難しくなってしまう。

◎受容と多様性の保障

民間のボランティア組織だからこそ、いろいろな意見を否定せず、多様な活動を作り上げていくことを大事にした。それでも、「今までこうやってきたのだから、そのやり方は止めよう」という意見は出てくる。人間はそうやって社会を作ってきたのだから仕方がないのだが、それでも多様性を意識するか否かは、結果に大きな違いを生む。

◎ポジティブ運動

何よりもポジティブシンキングを大切にした。被災地に届けるのは心と笑顔。これも最初はなかなか理解されなかった。「肉親を失った被災者の前で笑顔なんて何事か」、「頑張ろうという言葉は絶対使うな」などと批判されることもあった。しかし、本当にそうなのだろうか。頑張ろうと言われて傷つく人もいれば、元気づけられる人もいる。被災者にもいろいろな顔がある。支援の気持ちさえ忘れなければ、ボランティアの接し方もいろいろあっていいのではないだろうか。とくに笑顔は、被災地で大きな力となって広がっていった。

◎不公平の実践

私たちは不公平なことも、どんどんやった。行政は公平の原則で動くから、不公平になることは絶対にできない。しかし、私たち民間は、どうやっても被災者全員に公平な支援などできっこない。だから、目の前にある必要なこと、できることから、即実行で始めていった。これこそ、民間にしかできない支援の形なのだ。

私のこれまでの経験から、ボランティアとはつくづく融通無碍でとらえどころのない存在だと感じる。自発的な意志があれば誰でも活動できるし、そこに特殊な能力は求められない。さまざまな社会構成メンバーが被災地に出向くことで、活動はより豊かになる。

ＲＱには小学生のボランティアも、親子連れのボランティアもやってきて立派に役割を果たしてくれた。たとえ小さな子どもであっても、その姿や笑い声に癒される被災者は必ずいるのだ。見知らぬ大人のボランティアに萎縮していた被災地の子どもたちも、同じ年頃の子どもがやってくれば瞬く間に仲よくなって笑顔で遊び出す。海外からやって来たボランティアの国籍は22カ国もあった。そのために、後方支援チームは語学の得意なボランティアを募ってホームページを翻訳し、最終的には９カ国語で世界に情報発信ができるようになった。

そして、被災者の方々も一方的に支援されるだけではなく、ともに活動に参加してくれた。かつては「支援する者」「支援される者」の一方通行の図式が当たり前だったが、本来の人間社会は相互に助け合い、気遣い合って成り立つ。つまり、利他の構造だ。

災害ボランティアという言葉は、日本で十数年の歴史を持つようになったが、現場を知らないマスコミなどによって特殊なイメージができあがってしまったのではないかと危惧している。災害ボランティアは、ヘルメットと長靴に身を固め、見るからに屈強なオヤジが号令をかけるチームだけではなく、女性や若者もそれぞれの発想で動くことのできる多様性のあるチームなのだ。その証拠に、誰だって現場に入って2、3日も経てば、思いもかけなかった仕事をいつの間にかやっているはずだ。思いついたら、今からだって行ってほしい。行けば必ず役に立つのだ。

今回の災害は、いろいろな意味で日本人の災害意識に変革をもたらしたような気がする。そして言うまでもなく、これからは誰もが10年後、20年後という先を見据えながら、災害を考える時代になる。

震災前から、南三陸町歌津で代々漁師を営んできた千葉正海さんは、東日本を襲った災害を「とてもとても大きな自然現象があった」と私に語ってくれた。

私たちはいつも自然と共に生きてきた。そして、これからも、お互いに助け合いながら、大きな自然と向き合って生きていかなくてはならないのだ。

おわりに

時間というモノサシは人間と地球では単位が桁外れに違う。

しかし哀しいかな、私たちは自分のモノサシでしか世界を推し量れない。

だから、たったの2〜3年で忘却を迎え、何事もなかったかのようにかつての道を歩き出す。

かくして、災害は忘れたころにやってくる。

東日本大震災で動いた地殻は、周辺域の、とりわけ関東近海、南海トラフに大きな負荷を与えてしまった。この限界点＝大地震の勃発がいつ来るのか、現時点での予測能力を私たちは持っていないが、すでに限界点に達していると思われるデータは数多く出ている。

問題は地球の時間モノサシが私たちとはずいぶん違いがあるという点だ。今日なのか30年後なのか、地球にはたいした違いではない。

地球温暖化がもたらす「気象の極端化」は毎年のように列島各地を被災地に変えている。

それに加えて、地震の活動期に入ったと言われている日本列島に生きる私たちは、被災の暴威が我が身にも降りかかろうとするこの時代を、「いかにして生き抜くのか」を、真剣に考えざるを得ない。

本書は災害の警世本や解説本ではないし、サバイバルのハウツー本でもないことは「はじめに」でも述べた。私は災害や非常時の多くの現場を30数年にわたり、傍観者としてではなく、現場の一当事者、実践者として身を置いてきた。そのことで私自身に沁みこんだ様々な気づきは、この国の今を生きる人々にぜひとも伝える意味があると考えている。なぜなら、書店で手に取る災害関連の書籍は災害の悲惨さやその影響の大きさ、それを減じる対策などについて述べてはいるが、災害のもう一つの顔についてはまったくと言っていいほどに触れてはいないからだ。私は災害が絶望的な破壊と同時に、じつに多くの「恩恵」をもたらす事実を各地で見てきた。こうした言い方は一般的には奇異に感じるだろう。でも本書を一読していただければその意味を理解していただけると信じている。

阪神・淡路大震災や東日本大震災では生き残った方々の多くが、生き残ってしまったこと自体を悔い、悩んでいた。私は「生き残ること」の大切さ、喜びを実感し、表現できるような社会にしたいと思っている。そうしなければ、日本人の災害への向き合い方はつねに後ろ向きの敗北感に支配されることになる。

災害には光と影がある。それを知ることによって、これまでとは違う災害観が芽生えてくるだろうし、それがより効果的な防災、減災への取り組みを作り出していくはずだ。次のXデー。それまでにできるだけ多くの皆さんに本書を手に取っていただきたいし、その結果、「生き延びる」一助になってくれれば、これに過ぎる喜びはない。

本書の発刊に際して、多くの方々にお世話になった。文中にも多く引用したRQ市民災害救援センターや日本エコツーリズムセンターの皆さんにはとくに感謝申しあげたい。編集の山崎玲子さん、みくに出版の安修平さんのご尽力無くして本書は世に出なかった。装丁も引き受けてくれたクールインク代表の山中俊幸さん、日本エコツーリズムセンター事務局長（当時）の中垣真紀子さんはRQ市民災害救援センターとその前身であったエコセン救援本部を私とともに立ち上げ、本書のもとになった「災害と減災」連続セミナーを運営していただいた。この場を借りてあらためてお礼を申し上げます。

広瀬敏通

2014年2月

参考文献

当初の講演および原稿作成にあたっては次の書籍を参考にした。

RQ市民災害救援センター　RQ市民災害救援センターシンポジウム報告集　2011年6月　RQ市民災害救援センター
RQ市民災害救援センター　RQ市民災害救援センターシンポジウム報告集　2011年12月　RQ市民災害救援センター
アエラ編集部　AERA増刊No18『震度7を生き残る』朝日新聞出版
亜細亜大学経営学部　東日本大震災　ボランティア活動報告書　虹有社
アマンダ・リプリー　生き残る判断　生き残れない行動　光文社
石黒　耀　死都日本　講談社文庫
石黒　耀　震災列島　講談社文庫
石黒　耀　富士覚醒　講談社文庫
岩崎信彦、林勲男、村井雅清、田中泰雄・編　災害と共に生きる文化と教育　昭和堂
大木聖子・纐纈一起　超巨大地震に迫る　NHK出版新書
大曲駒村　東京灰燼記～関東大震火災　中公文庫
姜　徳相　関東大震災　中公新書
酒井治孝　地球学入門　惑星地球と大気・海洋のシステム　東海大学出版会
三陸新報社編　巨震激流（3・11東日本大震災）三陸新報社
鹿園直建　地球学入門　慶應義塾大学出版会

昭文社出版編集部　東日本大震災　復興支援地図　昭文社
高嶋哲夫　東京大洪水　集英社文庫
高嶋哲夫　M８　集英社文庫
高嶋哲夫　原発クライシス　集英社文庫
高嶋哲夫　TSUNAMI　津波　集英社文庫
千木良雅弘　災害地質学入門　近未来社
デーヴ・グロスマン　戦争の心理学～人間における戦闘のメカニズム～　二見書房
東海大学チャレンジセンター編　被災地と共に歩む３・11生活復興支援プロジェクト　東海教育研究所
震災支援活動記録集『東日本大震災６カ月の活動記録』日本財団
ニュートン編集部　Newton別冊『地震列島と原発』２０１２年２月15日発行　ニュートンプレス
ニュートン編集部　Newtonムック『激化する自然災害』２００９年４月15日発行　ニュートンプレス
広瀬弘忠　人はなぜ逃げおくれるのか～災害の心理学～　集英社新書
フライデー編集部　東京23区震災避難マップ　講談社
フライデー編集部　FRIDAY完全保存版『東日本大震災全記録　２０１２年１／３号』講談社
平凡社編　災害ボランティア・ブック　平凡社
溝上恵・監修　インパクト・編　大地震が東京を襲う！　中経出版
宮澤清治　天気図と気象の本　国際地学協会
目黒公郎・監修　東京直下大地震 生き残り地図　旬報社
吉野正敏　地球温暖化時代の異常気象　成山堂書店
吉村　昭　関東大震災　文春文庫
吉村　昭　三陸海岸大津波　文春文庫
レベッカ・ソルニット　災害ユートピア～なぜそのとき特別な共同体が立ち上るのか～　亜紀書房

広瀬敏通［ひろせ・としみち］

東京生まれ。20代はアジア各地で個人NGOとして活躍。1979〜80年のカンボジア内戦時にはタイ国境に日本政府の人道支援派遣第1号として難民救援の現地事務所を開いて運営した。このときのメンバーから1982年「国際緊急医療チーム（JMTDR）」が生まれ、現在の「国際緊急援助隊（JDR）」につながる。帰国後の1982年に日本初の自然学校となる「ホールアース自然学校」を富士山麓に開設、年間17万人が国内5か所の拠点校のプログラムに参加するまでに育てた。現在国内に3700校ある自然学校の第一人者として、国内、海外の多くの地で自然学校の仕組み作りに尽力するとともに、エコツーリズム分野の実践者、専門家として全国各地の人材育成、地域つくりにも取り組んできた。沖縄県のエコツーリズムの生みの親としても著名。個人の活動としても火山洞窟、熱気球、辺境の探険などで多くの記録、実績を持ち、冒険好きな子どもたちを多く育てた。
一方、災害救援活動では阪神・淡路大震災で神戸市東灘区、中越地震で川口町（現長岡市）など甚大な被害の地にボランティアセンターを設置し運営、インドネシア津波、ペルー地震など海外の災害でも率先して救援体制作りをした。2011年3月の東日本大震災では地震発生直後に現地に入り「RQ市民災害救援センター」を設立。8か所のボランティア拠点で、延べ45,000人のボランティアが稼働した。環境省エコツーリズム推進会議委員、中央環境審議会専門委員、国土審議会専門委員、日本学術会議小委員会委員、日本エコツーリズムセンター代表理事、一般社団法人RQ災害教育センター代表理事などを歴任。現在、自然学校研究所所長。

資料提供・協力（順不同）
RQ災害教育センター、ウィメンズアイ、唐桑海の体験センター、RQ聞き書きプロジェクト、ふくしまキッズ、ホールアース自然学校、日本エコツーリズムセンター、阿蘇ジオパーク推進協議会、秩父観光協会、デジタル楽しみ村、日能研

災害を生き抜く 災害大国ニッポンの未来をつくる

2014年2月25日　初版第1刷発行

著　者　広瀬敏通
発行人　安　修平
発　行　株式会社みくに出版
〒150-0021東京都渋谷区恵比寿西2-3-14
電話03-3770-6930　FAX.03-3770-6931
http://www.mikuni-webshop.com/
印刷・製本　サンエー印刷
ISBN978-4-0536-5 C0036